W0207796

Roland Werner

Christ und homosexuell?

Begegnungen und Berichte
mit einem theologischen Beitrag
von Dr. theol. Helmuth Egelkraut

BRENDOW VERLAG

ISBN 3 87067 147 5

Edition C Paperback Nr. C 55
1. deutschsprachige Auflage 1981
© Copyright by Brendow-Verlag D-4130 Moers 1
Titelgestaltung: Studio Dieter Kohl (Foto: »David« von Michelangelo)
Printed in Germany 18056/1981

Inhalt

Wer das Ziel nicht kennt, kann den Weg nicht gehen.
Wer den Weg nicht weiß, kommt nicht zum Ziel.

Vorwort

Der vorliegende Band ist aus Gesprächen und Begegnungen herausgewachsen. Die Autoren und ihre Freunde lassen den Leser teilhaben an hoffnungsvollen Erfahrungen und befreienden Arbeitsformen christlicher Seelsorge unter homosexuellen Menschen, die sie selbst erlebt und auf ihren Reisen erfahren haben.

Berichte von Betroffenen, die als Christen einen Weg aus ihrer tiefsten Existenz- und Identitätskrise herausgefunden haben, fehlten bisher im Streitgespräch, das in Deutschland seit Jahren um das Thema dieses Buches geführt wird.

Roland Werner schreibt aus seelsorgerlicher Erfahrung und eigener Betroffenheit: »Ich bin davon überzeugt, daß viele Freunde den Weg Gottes gehen würden, sähen sie nur lebendige Beispiele der verwandelnden Kraft Gottes« (S. 35).

Obwohl die Autoren umfangreiche wissenschaftlich-theoretische Grundlagenforschung betrieben haben, geht es ihnen nicht zuerst um Gesprächspartner, die nur auf ihrem besonderen weltanschaulichen Steckenpferd reiten wollen, ohne meist persönlich betroffen zu sein, sondern um die Fortführung des begonnenen Gesprächs mit denen, die Ziele klären und Wege finden wollen, die selbst mit den angesprochenen Fragen ringen.

In der neueren kirchlichen Diskussion um Homosexualität und Christsein fällt häufig die hilflose Abhängigkeit theologisch gebildeter Autoren von der Meinung einiger Sexualwissenschaftler auf. Stillschweigend werden deren Voraussetzungen übernommen und deren Annahmen und Vermutungen den eigenen Urteilen als sogenannte »empirische Tatsachen« zugrunde gelegt. Wie viele folgenschwere Fehlurteile sind in den letzten zwanzig Jahren von christlichen Ethikern gefällt worden, weil diese aus falschem Respekt vor Sachverständigen die Frage nach den »erkenntnisleitenden Interessen« der Humanwissenschaften nicht geklärt haben! Auch für »gesicherte Ergebnisse« von H. Giese bis W. J. Schlegel, H. Kentler bis M. Dannecker, G. Dörner bis V. Sigusch trifft die Einsicht von Jürgen Habermas zu: »Die Theorie ist immer schon ein Teil des Zusammenhanges, den sie analysiert.«

Heute wird von Kirchenleitungen und Gemeinden ein geistliches und humanes Urteil verlangt, ob es verantwortbar und erstrebenswert sei, homosexuellen Menschen bei ihrer Forderung »nach voller Integration in die Kirchen« zu helfen, auch wenn diese »ein Recht auf freie Ausübung ihrer sexuellen Bedürfnisse im kirchlichen Kontext« verlangen und ihr Empfinden und Verhalten mit emanzipatorischem Pathos als »gleichwertige Ausprägung der einen menschlichen Sexualität in homo- oder heterosexueller Variante« proklamieren. –

Christliche Ethik geschieht nicht im zeitlosen Raum, sondern muß und will antworten auf die Anfragen ihrer Zeit und das Selbstverständnis ihrer Zeitgenossen. Wenn sie aber christliche Wegweisung zu verantwortlichem Leben und Handeln bleiben will, muß sie ihre Aussage auf die Grundlagen des christlichen Glaubens, auf die Heilige Schrift gründen. An der Einstellung zur Bibel entscheidet sich, von welchen Voraussetzungen her zur Frage »Christ und homosexuell?« Stellung genommen wird. Allein das Vertrauen auf dieses lebendige und lebensschaffende Wort öffnet unser menschliches Wesen und Wollen für jene Kraftwirkungen Gottes, die uns von uns selbst losmachen und ich-süchtige Begierden in die Schranken weisen können. Wie leicht wird sonst ein Bibelwort nur zur frommen Dekoration oder theologischen Beweisstelle für das, was wir sowieso schon selber als Überzeugung, als Vorentscheidung in uns tragen.

Sollten wir nicht einen Augenblick innehalten und unsere Proklamationen und Programme, aber auch unsere Diagnosen und Therapien an der Gesamtbotschaft der Heiligen Schrift überprüfen?

Die Bibel bezeugt, daß der Mensch nach dem Bilde Gottes geschaffen ist als einer, der in der Doppelgestalt des männlichen oder des weiblichen Menschen existiert, die zueinander hin und aufeinander angewiesen sind. (1. Mose 1, 27). Im Blick auf die Geschlechterbeziehung wird diese grundlegende geistliche Aussage über Gottes Konzept gleich viermal in der Bibel wiedergegeben. Sie wird vom Menschen im Urstand (vor dem Fall), vom Menschen in der israelitischen Lebensordnung und unter dem Gesetz, aber auch vom Menschen nach der durch den Gottessohn geschehenen Erlösung bezeugt (1. Mose 2, 24; Mt. 19, 5; Mk. 10, 7+8; Eph. 5, 31). Diese Aussagen sind also nicht situationsgebunden, sondern überzeitlich gültig! In der Weisung Jesu über die Zuordnung der Geschlechter greift er auch nicht nur aufs alttestamentliche Sittengesetz zurück, sondern auf den Schöpfungsursprung selbst. Von dort her legitimiert er seine Aussage zur Problematik der menschlichen Liebe und Ehe.

Das Offenbarungswort der Bibel sagt dem Menschen, woran er sich nicht mehr erinnern kann, und worauf er sich, könnte er es auch, nicht mehr besinnen will. »Hatte die Noachitische Menschenwelt sich in den Töchtern Evas weggewandt vom Mann, so das Zeitalter Loths in den Söhnen Adams weg von der Frau,« so beschreibt Paul Schütz in prophetischer Schriftauslegung den tragischen Urzwist der Geschlechterbeziehung und seine Folgen. Da liegen auch heute wieder unsere Probleme.
Indem die christliche Gemeinde sich nicht mehr den Verhaltensmustern dieser Weltzeit anpaßt (Röm. 12), ist sie durch ihr Dasein ein Hinweis auf Gottes Reich, wirkt sie als Salz, als Korrektur, als Kritik und als Gärferment. Indem sie sich im Vertrauen auf das Evangelium dafür entscheidet, nicht mehr für sich selbst zu leben (1. Kor. 5, 15), hält sie sich fürs Kommende offen, für den Kommenden bereit und für den Dienst am Zeitgenossen zur Verfügung. Es ist hilfreich, daß Roland Werner die Frage aufwirft: Wer ist eigentlich Christ? Christ ist, wer sich auf Jesus Christus einläßt. Die personale Bindung an ihn – durch den Glauben – stellt unter seine befreiende Herrschaft und gibt durch sein Wort ein neues Leben, Denken und Wollen.

Weil die Autoren sich auf die Verheißungen und die Autorität der Bibel eingelassen haben, sind sie in der Lage, auf die entscheidende Frage zu antworten, auf die die meisten die Antwort schuldig bleiben müssen: »Was können wir tun?«

Wenn wir Christen uns bereitfinden, unsere private und soziale Existenz in die biblische Gottesbeziehung hineinzustellen, so daß die Schöpfung wieder dem Bund dient, für den sie geschaffen ist, dann werden wir selber Heilung finden und Hoffnung weitergeben können in unser soziales Leben, das durch die Verherrlichung der Selbstsucht und die Vergötzung der Sinnlichkeit zerrüttet ist.

Horst-Klaus Hofmann

Institut für Jugend und Gesellschaft
Bensheim, im Sommer 1981

Teil I

Once Gay – Always Gay?

Seltsam, im Nebel zu wandern
Leben ist einsam sein
Keiner sieht den andern
Jeder ist allein
(Hermann Hesse)

Ist jemand in Christus, so ist er eine Neuschöpfung
(Paulus)

Teil I

Once Gay – Always Gay?

Eindrücke von einer Reise

Zusammen mit einem Freund reiste ich im Februar und März 1980 in verschiedene Städte der USA. Unser Ziel war, die neu entstandenen christlichen Seelsorgegruppen kennenzulernen, die von ehemals homosexuellen Menschen als Hilfsangebot für homosexuelle Menschen gegründet worden sind.

Trotz des relativ genauen Bildes, das ich schon vorher gewonnen hatte, hegte ich den Wunsch, an Ort und Stelle untersuchen zu können, was an diesem »Ex – Gay – Movement« dran ist (gay – homosexuell, also: Bewegung von früher homosexuellen Menschen). Denn davon hörte man in den Presseberichten über die amerikanische Diskussion um die Homosexualität recht wenig.

Sollte es stimmen, daß dort nicht nur Einzelne, sondern ganze Gruppen von Menschen aus der Homosexualität herausgekommen waren, so wäre damit eine der Grundvoraussetzungen vieler emanzipatorischer Homosexuellengruppen widerlegt, nämlich die These, daß die homosexuelle Orientierung in allen oder doch den meisten Fällen unveränderbar ist. In Amerika wird diese Meinung durch den griffigen Slogan: »Once Gay, Always Gay«, »einmal schwul, immer schwul«, ausgedrückt.

Zwei Positionen

Wir waren als Christen betroffen über die Art, in der diese Problematik in den christlichen Gemeinden in der Bundesrepublik vielerorts verhandelt wird. Auf der einen Seite stehen die mit der ewig weißen Weste und dem moralischen Zeigefinger. In ihrer Verwandtschaft, ihrem Bekanntenkreis oder ihrer Gemeinde kommt »so etwas« natürlich nicht vor. Sie sind schon bei bloßer Erwähnung des Themas peinlich berührt, wie überhaupt der ganze sexuelle Bereich in ihrem Denken vielfach noch den Geruch des Schmutzigen, Unantastbaren an sich trägt. Darüber spricht man einfach nicht. Wird dann die homosexuelle Orientierung eines Menschen bekannt, so genügt das allein schon, ihn aller möglicher anderer Vergehen, angefangen von Kindesmißbrauch bis hin zur Spionage zu verdächtigen. Selbst wenn diese Einstellung nicht in Worten Ausdruck findet, so schafft sie, auch unausgesprochen und unter- oder halbbewußt, für viele betroffenene Menschen ein derart destruktives Klima, daß sie dadurch noch tiefer in ihre Gespaltenheit und Depressionen getrieben werden. Daß das auch in manchen christlichen Gemeinden der Fall ist, davon bin ich leider Zeuge.

Auf der anderen Seite des Spektrums finden sich die, die mit einer exegetischen Oberflächlichkeit und Unsauberkeit, die mir unbegreiflich ist, klare biblische Aussagen und Gesamtlinien, die zur verantwortlichen Gestaltung der Geschlechtlichkeit sprechen, vom Tisch fegen wollen. Sie überspringen mit erstaunlicher Leichtfüßigkeit Jahrhunderte kirchlicher Lehrbildung und Seelsorgepraxis und verkünden im Brustton der Überzeugung der fast schon auf ein quasi-messianisches Selbstbewußtsein (oder verborgene große Unsicherheit?) schliessen läßt, den Anbruch einer neuen Ära mit einer befreiten, endlich wirklich humanen Moral. Die Bibel wird nur noch in dem Maße zitiert, in dem sie sich in das vorgefertigte Weltbild enstpannen läßt. Moralische und ethische Weisungen jedenfalls werden in ihr nicht mehr gesucht und erwartet, und deshalb auch nicht entdeckt. Statt dessen destilliert man eine Allerweltsreligion, die jeder Notwendigkeit der persönlichen Umkehr und des Umdenkens entbehrt.

Hier wird der biblische Gott, der sich in Gericht und Gnade, in Heiligkeit und Erbarmen offenbart, auf ein rein innerweltliches Prinzip »Liebe« reduziert, der doch, bitteschön, den Menschen nicht in ihren Intimbereich hineinfunken soll! Normen, nein danke! Und außerdem, so wird behauptet, habe die moderne Sexualwissenschaft Ergebnisse gezeitigt, von denen die noch in ihrem primitiven, unaufgeklärten Weltbild gefangenen Verfasser der biblischen Bücher gar keine Ahnung hatten. Deshalb sei auch, was sie schrieben, für uns aufgeklärte Menschen des ruhmreichen 20. Jahrhunderts völlig irrelevant. Und überhaupt habe Jesus gar nichts gegen die Homosexualität gesagt, nur Paulus, der ihn völlig mißverstanden und seine Botschaft verdreht hat, habe als typisch engstirniger hebräischer Theologe die alten Vorurteile wieder aufgewärmt, weil er so schockiert war über das, was er in Griechenland an Tempelprostitution sah. Aber solche Auswüchse gibt es ja, dem Himmel sei Dank! bei uns nicht! Im weiteren Verlauf dieses Buches werde ich ausführlicher auf diese und ähnliche Argumente eingehen. Hier sei nur gesagt, daß es mir scheint, daß beide Positionen, die in unseren Kirchen anzutreffen sind, das gesunde Gleichgewicht verloren haben.

Liebe und Wahrheit

In der christlichen Botschaft haben wir es meiner Überzeugung nach mit Liebe und Wahrheit zu tun. Sie gehören zusammen. Wo eines dieser beiden grundlegenden Elemente in den Hintergrund gerückt oder zugunsten des anderen völlig außer Acht gelassen wird, begeht man Verrat am Evangelium. Sie hängen voneinander ab und bestimmen einander wie Form und Inhalt. Die Liebe Gottes, wie sie in der biblischen Botschaft bezeugt wird, ist nicht allgemein dem Naturgeschehen abzulauschen. Sie ist auch nicht diffus überall und jederzeit sichtbar und greifbar, sondern verdichtet und beweist sich am Kreuz auf dem Hügel vor Jerusalem. Und diese Geschichte Jesu, die dort ihren Höhepunkt findet, sein Leben, Leiden, Sterben und Auferstehen, ist eingebettet in die Geschichte Gottes mit seinem Volk Israel. Die Offenbarung der Liebe Gottes am Kreuz will also verstanden und gedeutet werden im Zusammenhang der Offenbarung Gottes im Gesetz und den Propheten, (So Luk. 24, 25–27; Hebr. 1, 1–2 u.v.a..) Wer Gesetz und Evangelium trennen will, landet entweder in der Gesetzlichkeit (die Gefahr, in der die zuerst skizzierte Gruppierung steht) oder in der Gesetzlosigkeit (die Gefahr der zweiten Position). So stellten sich uns die Positionsangebote dar, die wir in unserem Ringen um eine Antwort auf die Fragen, die Christsein und Homosexualität in ihrer Wechselwirkung aufwerfen, vorfanden: Dogmatismus oder Antinomismus.

Ein dritter Weg?

Auf der Suche nach dem dritten Weg, der die Balance zwischen Wahrheit und Liebe (ich spreche, als seien das Gegensätze!) als angemessene christliche Antwort auf die Fragen der Homosexualität bewahrt, bewegte uns noch ein weiteres Anliegen, das für mich eigentlich das hauptsächliche ist. Es ist dies die Frage nach seelsorgerlicher Hilfe. Es ist da nicht so, daß »Once Gay, Always Gay« der unbedingte Ausdruck einer überschwenglichen Begeisterung am Schwulsein ist. In Gesprächen mit homosexuellen und nicht-homosexuellen Freunden, innerhalb und außerhalb der christlichen Gemeinde, ist eine Reihe von Fragen immer wieder aufgetaucht. Ist Homosexualität ein unveränderliches Schicksal? Ist es eigentlich eine erfüllende Lebensweise? Ist es vielleicht die Lebensweise, die am meisten dazu angetan ist, sich aus jahrtausendealten patriarchalischen Zwänge zu lösen und so zu sich selber zu finden? Ist es zu verantworten, einem homosexuellen Menschen zu einer Lebensänderung zu raten? Muß er sich dann nicht selbst verleugnen? Gibt es überhaupt eine reelle Chance der Lebenserneuerung für einen homosexuellen Menschen? Unser Sohn ist homosexuell, was sollen wir tun? Mein Mann hat mir gerade gestanden, daß er homosexuell ist, wie kann ich ihm helfen?

Auf diese und ähnliche Fragen möchte ich im folgenden Erlebnisbericht Antworten anzubieten versuchen. Ich bin mir dessen bewußt, daß vieles nur fragmentarisch dargestellt, vieles subjektiv und situativ bedingt ist. Das liegt teilweise auch der Beschaffenheit der Materie. Begegnungen mit Menschen und Lebensschicksale sind (Gott sei Dank!) nicht programmierbar. Ist deshalb die Darstellung wertlos? Ich denke nicht, denn es scheint mir, daß die Botschaften und Modelle, die im Leben von Menschen kodiert sind, und die ich hier darzustellen mich bemühe, oft tiefere Weisheit in sich tragen als viele »wissenschaftliche« Abhandlungen, und daß sie durchaus wert sind, zur Kenntnis genommen zu werden.

Champaign- eine Gemeinde hilft

Nach dem Flug Frankfurt-New York und 20stündiger Busfahrt kamen wir in Champaign, einer mittelgroßen Stadt des Mittleren Westens, im Bundesstaat Illionois, an. In einer lutherischen Kirche fand ein zweitägiges Seminar statt. Thema: »Counseling the Homosexual«, zu deutsch etwa: »Beratung für homosexuelle Menschen.« Etwa einhundert Tagungsteilnehmer, Pastoren, Gemeindemitarbeiter und interessierte Laien beschäftigten sich in Referaten und Aussprachen intensiv mit dem Thema. Veranstalter war nicht diese lutherische Gemeinde, sondern die New Covenant Fellowship, eine junge Gemeinde mit ungefähr 300 aktiven Mitgliedern. Sie besitzt kein eigenes Kirchengebäude und war deshalb zum Seminar in die Räume der befreundeten lutherischen Gemeinde ausgewichen. Für ihre sonntäglichen Gottesdienste mieten sie eine Schulsporthalle. Sie versuchen, auch während der Woche in einer verbindlichen Gemeinschaft miteinander zu leben. Eines der Bücher, das ihr Gemeindeleben geprägt hat, ist Bonhoeffers »Gemeinsames Leben«, auf das ich auch bei anderen Gruppen auf dieser Reise immer wieder stieß. Wir wurden mit einer überaus großen Herzlichkeit willkommen geheißen.

Kent Paris, der die Tagung leitete, ist Gründer und Leiter von »His Place«, einem Zentrum für Jugendliche in schwierigen Lebenssituationen, das von Gliedern dieser Gemeinde getragen wird. Er und seine Frau kümmern sich besonders um drogenabhängige und alkoholkranke Jugendliche. Weil Kent früher homosexuell war, liegt natürlich auch in diesem Gebiet ein Schwerpunkt seiner Beratungstätigkeit. Als Referenten für die Tagung hatte er Ed Hurst, Robbi Kenney und Frank Worthen gewonnen. Ed und Robbi leiten eine ausgedehnte Seelsorgearbeit für homosexuelle Menschen und deren Familien und Freunde in Minneapolis. Frank Worthen ist Gründer und Leiter von »Love In Action« in San Francisco, einer der ältesten Arbeiten dieser Art überhaupt.

Wurzeln der homosexuellen Lebenswahl

Ed Hurst sprach in seinem ersten Referat »Wurzeln der Homosexualität« über Grundereignisse und Grundhaltungen, die zur Wahl der Homosexualität als Lebenskonzept führen können. Solche Grundereignisse können zum Beispiel sein:

– Zusammenbruch der Beziehung zu einem Elternteil

– das Kind verinnerlicht die tatsächliche oder eingebildete Ablehnung (wenn mein Vater mich nicht mag, bin ich wohl nichts wert)

– Zusammenbruch der Beziehung zu gleichaltrigen Geschlechtsgenossen (ich bin anders als die anderen, ich komme bei ihnen trotz aller Anstrengung nicht an)

– Zusammenbruch der Beziehungen zur Gesellschaft (ich kann die von mir erwartete Rolle nicht erfüllen)

– und oft auch Entfremdung von Gott, der als feindselig empfunden wird (Gott beobachtet mich immer).

Es scheint dem Betreffenden das Einfachste, die homosexuelle Orientierung anzunehmen.

Negative Grundhaltungen

Als Grundhaltungen, die die Homosexualität noch verstärken, also den Betreffenden zu homosexuellen Kompensationshandlungen treiben, und diese Verhaltensmuster unterstützen, nannte Ed: das Gefühl, nicht angenommen zu sein; Isolation; Furcht; Unversöhnlichkeit; Neid; Eifersucht und andere Haltungen. Er zeigte auf, wie diese Haltungen, wenn sie nicht aufgearbeitet werden, ein Weiterkommen der Persönlichkeitsgesundung behindern.

Ed ist jetzt 27 Jahre alt und seit über fünf Jahren aus dem homosexuellen Leben heraus. Er sprach sehr offen und selbstkritisch über eigene Fehlhaltungen und durchgemachte Lernprozesse, und wirkte in keiner Weise verklemmt oder verbissen. In einem zweiten Referat stellte er die praktischen Schritte dar, die ihn aus der Homosexualität herausgeführt hatten: Nach dem persönlichen Entschluß, seine Homosexualität zu bewältigen, ist es von entscheidender Bedeutung, das Gebiet nicht isoliert anzugehen, sondern statt dessen im Rahmen einer ganzheitlichen Persönlichkeitserneuerung zu denken und zu arbeiten.

Grundlage der Lebensänderung ist die wirksame Lebensbeziehung zu Christus. Die Identität des Christen gründet sich nicht mehr auf die von der Gesellschaft entworfenen und klischeehaften Rollenmodelle und Wertvorstellungen, sondern wird in souveräner und freier Weise von Gott her definiert. Er ist der Vater, der uns ohne Vorleistungen von unserer Seite in seine Familie aufgenommen hat. Aus dieser Gemeinschaft mit ihm und mit den Menschen, die auf dem Weg Gottes gehen, kann ich meine Kraft zum Leben und den Mut zur Veränderung auch ganz tief verankerter Strukturen meiner Persönlichkeit schöpfen.

Aufgrund der Erfahrung der uneingeschränkten Liebe Gottes, die mir auch durch die Vermittlung der anderen Christen entgegentritt, in der Art und Weise, wie sie bereit werden, mich mit meinen Schwächen zu tragen und in meinen Lernprozessen zu unterstützen, kann ich lernen, mich selbst nun zu lieben. Ich werde auch frei, den Anderen echt, um seiner selbst willen, zu lieben. Ich bekomme den Freiraum, der es mir ermöglicht, zu wachsen und zu reifen, weil ich nicht mehr aufgrund von Leistungen beurteilt werde. So werde ich auch offen für Veränderungen, die ich früher für unmöglich hielt.

Ed sprach von diesen Dingen mit einer natürlichen Überzeugung, die aus der Tatsache entsprang, daß nicht nur in seinem Leben, sondern auch dem vieler ihm persönlich bekannter Freunde diese Lebenserneuerung nicht nur Ziel oder utopisches Programm ist, sondern tatsächlich stattgefunden hat. Ich denke persönlich, daß auch in unseren Gemeinden das Potential schlummert, Menschen in tiefgehender Weise zu helfen, daß aber leider vielerorts dieses Potential, das durch die Gegenwart des Geistes Gottes in seiner Kirche faktisch vorhanden ist, aufgrund mangelnder Perspektive und einer großen Blindheit für die wirklichen Nöte der Menschen unserer Zeit ungenutzt brachliegt.

Die Kirche hat eine Botschaft für die Homosexuellen

Robbi Kenney, eine engagierte junge Frau, die »Outpost« in Minneapolis gründete, betonte in einer Stellungnahme, wie notwendig es ist, daß die Kirche ihre Aufgabe wahrnimmt, homosexuellen Menschen Hoffnung und Hilfe anzubieten. »Viele Leute haben ganz stereotype Vorstellungen über Homosexuelle, wie zum Beispiel die, daß alle Homosexuellen darauf aus seien, Kinder zu verführen. Die Christen müssen erkennen, daß es oft Menschen in ihrer allernächsten Umgebung sind, die mit diesem Phänomen zu tun haben. Und daß sie die Botschaft der Liebe und Barmherzigkeit Gottes hören müssen wie jeder andere Mensch auch, der in irgendeinem Bereich Schwierigkeiten oder Sünden hat. Auch der, der in diesem Lebensgebiet noch nicht ganz klargekommen ist, hat einen Platz im Leib Christi. Und wenn er den nicht ausfüllt, fehlt etwas Entscheidendes. Die Gemeinde muß also das Nein Gottes zur lebenszerstörenden Sünde wie auch das Ja Gottes zum Sünder hier wie in jedem anderen Bereich deutlich machen.«

Soweit Robbi Kenney. In den folgenden Tagen hatten wir noch viel Gelegenheit, sie besser kennenzulernen. Ihr gelang es in einer erstaunlichen Weise, die Botschaft der Vergebung und Lebenserneuerung auch solchen Homosexuellen klar zu machen, die in keiner Verbindung zur christlichen Gemeinde stehen. Ich konnte das persönlich erleben anläßlich eines Diskussionsabends an der University of Minnesota in Minneapolis, wo sie vor Mitgliedern einer Homosexuellengruppe ihren Standpunkt in einer solch offenen, solidarischen und ungesetzlichen Weise darstellte, daß alle Beteiligten trotz oft völlig entgegengesetzter Meinungen den ganzen Abend hindurch die Offenheit zum Aufeinanderhören und Miteinandersprechen bewahrten.

Ein beeindruckender Gottesdienst

Am Sonntag nach der Konferenz, die noch viele Begegnungen mit ehemaligen Homosexuellen brachte, erlebten wir einen Gottesdienst der New Covenant Fellowship mit. Der ungewöhnliche Versammlungsort, eine Turnhalle, füllte sich bald mit mehreren hundert Menschen. Da nicht alle auf den vorhandenen Stühlen Platz fanden, saßen viele auf der treppenartigen Tribüne. In dieser Gemeinde sind außer Kent noch eine ganze Reihe anderer Männer und Frauen, Ledige und Verheiratete, die früher homosexuell waren. Das ermöglicht natürlich intensive gegenseitige Hilfe und Beratung. Der Gottesdienst war gekennzeichnet von einer großen Freude und Anteilnahme aller Anwesenden. Vor dem Abendmahl wurde Zeit gegeben, Dinge, die zwischen Gott und dem Einzelnen standen, zu bereinigen. Überall standen Menschen auf und gingen auf andere zu, um sich miteinander auszusöhnen. Auch mir wurden in dieser Atmosphäre einige unschöne Dinge klar, die zwischen meinen Freund und mich getreten waren, und wir konnten diese Dinge aussprechen und einander vergeben.

Während des Gottesdienstes wurde mir dann plötzlich einsichtig, warum in dieser Gemeinde so viele Menschen mit lebensprägenden Problemen Hilfe und Erneuerung erfahren hatten. Gott war für diese Leute nicht nur eine geglaubte Größe, die in unverbindlicher Weise verehrt wird, sondern man erwartete, daß Gott in das alltägliche menschliche Leben eingreifen kann und kaputte Menschen heilen will. Die Rechtfertigung des Sünders ist nicht nur ein gedanklicher Glaubenssatz, sondern wird sichtbar im neuen Sein und Handeln dessen, der diese Rechtfertigung erfahren hat. Am Nachmittag besuchten wir eine Wohngemeinschaft der New Covenant Fellowship. Erst hier fiel mir auf, daß auch die Integration der Rassen verwirklicht war, was längst nicht in jeder amerikanischen Kirche der Fall ist.

Minneapolis – Robbi Kenney erzählt

Mit Ed und Robbi fuhren wir nach Minneapolis, zu der Jahreszeit noch mit Schnee und Eis bedeckt. In den Gebäuden von Love Lines, einer Telefonseelsorge, haben sie ihr Büro. In dem Zimmer, in dem sie mit denen sprechen, die zu ihnen zur Beratung kommen, erzählte uns Robbi, wie sie, die selbst nie homosexuell war, dazu kam, eine solche Beratungsstelle aufzubauen.

»Die Wurzeln meiner Arbeit reichen zurück in die Zeit, als ich im zehnten Schuljahr war. Ich war damals fünfzehn Jahre alt. Ich verliebte mich in den Jungen, der während des Unterrichts vor mir saß und schwor mir, ihn und keinen anderen zu heiraten, und wenn ich bei dem Versuch umkommen sollte. Das war dann beinahe auch der Fall. Er und ich wurden gute Freunde und gingen während der Highschoolzeit auch oft miteinander aus. Zum Schulabschlußball lud er jedoch ein anderes Mädchen ein. An jenem Abend schluckte ich 500 Aspirintabletten, um meinem Leben ein Ende zu setzen. Gott bewahrte mich jedoch, und nach der Depression jenes Herbstes und Winters begegnete ich im Februar 1972 Christus. Diese Tatsache veränderte mein Leben in vieler Hinsicht, berührte meine Gefühle für diesen Jungen aber in keiner Weise. Ich glaubte weiterhin, daß wir eines Tages heiraten und dann bis an unser Lebensende glücklich leben würden. Wir trennten uns dann für ein paar Monate, weil wir auf verschiedene Colleges gingen. Kurz vor Weihnachten war er wieder in der Stadt. Ich fand ihn zu meinem Entsetzen in der psychiatrischen Klinik. Er sagte, er habe einen Nervenzusammenbruch gehabt. Kurze Zeit später erklärte er mir, er sei homosexuell. Ich wollte ihn aber auf keinen Fall verlieren, so sehr hatte ich ihn schon zu einem Teil meines Lebens gemacht.

Ich begann dann, alles, was ich irgend über Homosexualität finden konnte, zu lesen. Mein Freund sorgte dafür, daß ich solche Bücher las, die den Wert des homosexuellen Lebens herausstellten. Diesem Denken widersetzte ich mich, nicht so sehr, weil ich als Christ wußte, daß Gottes Wort es Sünde nennt, sondern weil ich meinen Freund nicht verlieren wollte. Schließlich erkannte ich aber, daß ich ihn nicht halten konnte, und beschloß, einen möglichst guten Abgang zu machen.

Während der Zeit hatte ich jedoch in meiner Bibel gelesen und einen Vers gefunden, der mich schockierte angesichts all der Stellungnahmen, die ich gelesen hatte und die alle die Unveränderbarkeit der homosexuellen Orientierung zur Grundvoraussetzung hatten. Paulus sagt im ersten Korintherbrief (1. Kor. 6, 11), daß er Menschen kennt, die früher homosexuell waren, es jetzt aber nicht mehr sind! Daß, wenn jemand willens ist, sein Leben für Christus niederzulegen, eine wirkliche Veränderung seines Herzens und Lebens stattfinden wird. Ich zeigte meinem Freund diese Aussage und begann, ihm immer wieder zu erzählen, daß er Veränderung erfahren könne, wenn er Christus annähme. Auf keinen Fall! Er wollte keine Veränderung und war sehr glücklich in dem, was er tat. Vielen Dank!

Ich ging zu meinem Pastor mit der Bitte um Rat und erzählte ihm von meinem Schmerz. Er sagte mir zwei Dinge: Daß ich die Beziehung fallen lassen solle (was andere mir schon geraten hatten, ich aber nicht wollte), und daß mein Freund »jenseits aller Hoffnung« sei, daß Gott nichts für einen Homosexuellen tun könne und wolle, weil er von Gott in den Zorn dahingegeben sei. Nun, nach meiner Bibel gab es eine Menge Hoffnung! Immer noch wollte ich meinen Freund nicht loslassen.

Drei Jahre lang trauerte ich der verlorenen Beziehung nach. Eines Tages, ich arbeitete damals gerade in einem christlichen Buchladen in Minneapolis, fand ich ein neu veröffentlichtes Buch mit dem Titel »Gay Liberation« (Homosexuelle Befreiung) von Roberta Laurila. Ich las es mit großem Interesse und schrieb der Autorin. Sie war früher lesbisch gewesen und beschrieb in dem Buch die Umstände ihres Freiwerdens. Zu jener Zeit wurde noch ein anderes Buch veröffentlicht, das auch eine Bestätigung meiner Gedanken betreffs Homosexualität und Gottes Willen war. Einer der Autoren war Frank Worthen, der früher auch homosexuell war und nun eine Beratungsstelle unterhielt, wo er anderen half, herauszukommen. So schrieb ich den größten Teil des Jahres 1975 an Roberta und Frank und besprach mit ihnen meine Fragen bezüglich meines Freundes. Beide halfen mir in diesem Jahr durch ihren Rat. Gegen Jahresende dachten offenbar beide, daß ich nunmehr in der Lage sei, selbst eine Unterstützung zu sein für einige Christen in St. Paul und Minneapolis, die mit ihnen in brieflichem Kontakt standen und aus der Homosexualität herauskommen wollten. Ihnen gaben sie nun meine Adresse weiter. Ich fühlte mich zwar geehrt durch ihr Vertrauen, hatte aber auch große Angst, eine solche Aufgabe zu übernehmen.

Ich hätte mir das selbst nie zugetraut

Heute freue ich mich darüber, denn ich bin ein lebendiger Beweis dafür, daß auch in diesem Gebiet, von dem viele glauben, daß da nur hochspezialisierte Fachleute helfen können, ein einzelner engagierter Laienchrist vielen zur Hilfe werden kann.

So begann ich mit der Arbeit. Andere hörten von mir, und so hatte ich nach kurzer Zeit jeden Tag nach der Arbeit im Buchgeschäft eine Verabredung mit jemandem, der mit mir sprechen wollte. Ich scheute mich davor, mir eine offizielle Bezeichnung als Seelsorger zuzulegen, statt dessen bemühte ich mich, denen ein echter Freund zu werden, die zu mir kamen und Ermutigung oder Hilfe in besonderen Gebieten ihres Lebens suchten.

Neben meiner Arbeit im Buchgeschäft, die mir große Freude bereitete, hegte ich schon lange einen persönlichen Traum. Ich wollte als Missionsarbeiterin nach Irland gehen. Warum gerade nach Irland? Nun, einmal wahrscheinlich deshalb, weil meine Familie von dort her stammt, zum anderen wegen der Konflikte, die in Nordirland schwelen. Ich wollte auch mit allem, was mit Homosexualität und mit der vergangenen Beziehung zu meinem Freund zusammenhing, völlig abschließen. Ich fand, es wäre einfach nicht mehr gesund, sich noch länger mit der Vergangenheit zu beschäftigen. Missionsarbeit im Ausland war auch eine viel respektablere und angesehenere Sache als das, was ich tat. Außerdem war da immer der Verdacht, der auch oft ausgesprochen wurde, daß meine Arbeit für homosexuelle Leute von dem heimlichen Gedanken herrühren könnte, auf diese Weise noch eine gewisse Beziehung zu meinem Freund wahren zu können und ihn vielleicht zurückgewinnen zu können, also der Verdacht, daß eine ungelöste persönliche Not letztlich die Motivation für meine Arbeit hergäbe. Auch hatte ich Angst vor dem Stigma, das oft solchen Frauen anhaftet, die vornehmlich mit homosexuellen Männern zusammen sind. Ich hatte schon alles für meine Abreise nach Europa vorbereitet, als Gott alle meine Pläne durchkreuzte. Heute bin ich schon über vier Jahre in dieser Arbeit und habe einen vollzeitlichen Mitarbeiter, Ed, sowie viele andere, die in der Beratung nebenberuflich helfen.«

Wir konnten uns an Ort und Stelle von ihrer Arbeit ein gutes Bild machen. Ed und Robbi veranstalten Workshops und Seminare in Kirchen und Universitäten. Ihr Rundbrief, die »»Outpost News«, geht jeden Monat an über 1500 Adressen. Ed und Robbi haben Männergruppen, die sich regelmäßig treffen sowie einen wöchentlichen öffentlichen Diskussionsabend. Wenn auch viele Homosexuelle ihre Ansichten nicht teilen, so sind sie doch in der Subkultur von Minneapolis und St. Paul bekannt als Leute, zu denen man gehen kann, wenn man Hilfe braucht. Wir trafen viele Leute mit interessanten Lebensgeschichten in ihrem Büro.

Ein Mensch – zwei Rollen

Einer von ihnen war Joel oder Julie, der sich einer völligen Geschlechtsumwandlung unterzogen hat. Aufgewachsen als Junge in einer katholischen Familie in Minneapolis, hielt er sich für eine Frau, die in einem männlichen Körper gefangen ist. Nach einer kurzen Ehe, die bald geschieden wurde, und einem Jahr homosexueller Partnerschaften ließ er seinen Körper umoperieren. Sein katholischer Priester, den er um Rat gebeten hatte, riet ihm zu diesem Schritt. Er vertrat den Standpunkt, diese Geschlechtsoperation sei das Richtige für Joel, wenn er der Meinung sei, er brauche diese Umwandlung, um glücklich zu werden. Den Segen der Kirche hätte er. Nach vollzogener Umwandlung trat Joel, nunmehr Julie, dann in verschiedenen Varietés als Star auf.

Er reiste in den ganzen USA umher. Nach einigen Jahren dieses Wanderlebens machte er in einer Stadt dann die Bekanntschaft der »Jesus People Milwaukee«, einer Gruppe, die damals in vielen Städten der USA Treffen veranstaltete und besonders solche Menschen zu erreichen versuchte, die in keinem näheren Kontakt zu christlichen Kirchen stehen. Hier spürte Julie eine Art von Liebe, die er vorher nie gekannt hatte, die ihn als ganzen Menschen liebte und nicht sexuell-erotisch motiviert war. Er schenkte den Worten der Jesus People Vertrauen. Joel erzählte mir: »Ich wußte damals nicht, wer oder was ich war. Aber eines verstand ich. Jesus, sagt: ›Wer auch immer zu mir kommt, den werde ich nicht hinausstoßen‹. Und zu dieser Gruppe der ›wer auch immer‹ gehörte ich auch. Und so faßte ich Vertrauen, daß Gott auch mich, einen Transsexuellen, annimmt.« Ich fragte ihn nach seiner Meinung, wie Transsexualität begründet ist. Joel: »Es gibt meiner Meinung nach keine wirkliche Transsexualität, also das Phänomen, daß jemand, der von der seelischen Struktur her Frau ist, im Körper eines Mannes gefangen ist oder umgekehrt. Ich denke, es handelt sich hierbei um eine ganz tief unterdrückte Homosexualität. Man empfindet homosexuell, denkt aber ganz in den heterosexuellen Rollen und versucht, diesen Konflikt zu lösen, indem man sich nach beiden Seiten hin anpaßt, was durch die Geschlechtsoperation erreicht werden soll.«

Befragt auf sein Selbstbild und sein Lebensziel, antwortet Joel, der sich nun nachträglich mit seiner Männlichkeit identifiziert: »In diesem Zusammenhang bedeutet mir ein Wort aus dem Buch des Propheten Jesaja sehr viel, das Aussagen über meine Situation macht: ›Der Verschnittene soll nicht sagen, siehe, ich bin ein dürrer Baum. Denn so spricht der Herr zu den Verschnittenen, die meine Sabbate halten und erwählen, was mir gefällt, und an meinem Bund festhalten, denen will ich in meinem Haus und in meinen Mauern einen Raum und einen Namen geben, der besser ist als Söhne und Töchter, ich will ihnen einen ewigen Namen geben.‹ (Jes. 56, 3–5)«

So viel über Joel. Er erzählte uns noch einiges aus seinem Leben. Was mich erstaunte, war die Beobachtung, wie offen anscheinend die christlichen Gemeinden dort auch ihm und seiner besonderen Lebensproblematik gegenüber sind und mit welch einer Selbstverständlichkeit er in die Gemeinschaft der Christen aufgenommen wird, ohne daß er gezwungen wäre, etwas zu verbergen.

San Francisco

Schon 1974 hatte ich zwei Monate in der Bay Area, dem Gebiet, in dem San Francisco liegt, verbracht. Seitdem ist diese Stadt noch mehr zu einem Mekka für viele homosexuelle Menschen aus allen Teilen der USA und wohl auch der ganzen Welt geworden. Die Stadt brachte uns die mehrtägige Begegnung mit Frank Worthen und seiner Organisation »Love In Action« (Liebe in Aktion). Frank, ein erfolgreicher Geschäftsmann, Besitzer eines ausgedehnten Import-Exportunternehmens, das vornehmlich mit dem Fernen Osten Handelsbeziehungen unterhält, war über zwanzig Jahre lang aktiv homosexuell. Als er älter wurde und mit abnehmender Attraktivität auch seine Beliebtheit in der homosexuellen Subkultur abnahm, zog er eine gründliche Lebensbilanz. Mehrere seiner engsten Freunde hatten sich das Leben genommen. Trotz seines geschäftlichen Erfolges war sein Leben nicht erfüllt. Als Heranwachsender war er Gemeindeglied in einer Kirche gewesen, deren Pastor nach dem Tod von Franks Vater stellvertretend einen Teil der Vaterrolle übernommen hatte und Frank sehr in seinen homosexuellen Tendenzen verstärkte. Nach dessen Tod verlor Frank allmählich jeden Kontakt zur Kirche, da er überall aufgrund seiner Homosexualität abgelehnt wurde. Nach zwanzig Jahren, auf der Höhe seines äußeren Erfolges und am Tiefpunkt seiner inneren Entwicklung angelangt, wandte er sich zu Gott mit der Bitte, sein Leben zu verändern. Er sagt: »Die Veränderung trat sofort ein. Ich ließ alles, was mit Homosexualität zu tun hatte, zurück. Wenige Tage nach dieser Lebenswende kamen schon Leute zu mir, um sich Rat zu holen. Dennoch geschah die

Veränderung auch in einem langwierigen Prozess. Vieles an Gedanken und Gefühlen mußte aufgearbeitet werden.«

Heute, sieben Jahre danach, ist Frank Leiter des größten Seelsorgezentrums dieser Art. Ohne Anfeindungen ging es nicht ab. Entstellende Zeitungsberichte, Verleumdungen über ihn und »Love In Action«, sogar mehrere Bombendrohungen versuchten, ihn von seiner Arbeit abzubringen. Franks Einstellung zu Homosexuellen, die seine Ansichten nicht teilen: »Wir verdammen unsere Brüder und Schwestern in der homosexuellen Szene nicht. Intoleranz ist unseres Erachtens nicht das Kennzeichen eines Christen. Wir wollen aber solchen helfen, die Hilfe suchen.«

›Love In Action‹ unterhält zwei Häuser, in denen junge Leute, die aus ihrem alten Leben herausbrechen wollen, eine Unterkunft finden können. Das ist wichtig, da viele der jungen Homosexuellen, die aus anderen Landesteilen nach San Francisco kommen, keine geregelte Arbeit und Wohnung finden können außer durch die Vermittlung homosexueller Bekannter. Gleichgültig, ob aus dieser Abhängigkeit auch eine sexuelle Beziehung erwächst oder nicht, so ist das Milieu besonders in einigen Stadtteilen San Franciscos denkbar ungeeignet als Wohnort für jemanden, der einen Schlußstrich unter seine homosexuelle Vergangenheit ziehen will. Jeder, der in einem dieser Häuser wohnt, muß einer geregelten Arbeit nachgehen, bei deren Beschaffung die »Love In Action«-Mitarbeiter behilflich sind. Obwohl eine gewisse Ordnung eingehalten wird und einige Veranstaltungen obligatorisch sind, wie beispielsweise das wöchentliche Haustreffen, in dem die Belange der Gemeinschaft zur Sprache kommen, hat jeder Bewohner viel freie Zeit zur eigenen Gestaltung. Keiner wird gezwungen zu bleiben.

Eric

In einem dieser Häuser lernte ich Eric kennen. Er ist jetzt 23 Jahre alt. Er wohnte zu dem Zeitpunkt unseres Besuches seit einem halben Jahr dort. Als er gerade 17 Jahre alt geworden war, lief er von zu Hause fort. Er lebte dann in verschiedenen Städten, New Orleans, Los Angeles, San Francisco und brachte sich mit Gelegenheitsjobs durch oder ließ sich von älteren Homosexuellen freihalten. »Ich habe wertvolle Jahre meines Lebens verschwendet. Manchmal frage ich mich, ob mein Leben überhaupt einen Wert hat und ob ich etwas wert bin. Langsam fange ich an, zu verstehen, daß Christus mich um meiner selbst willen liebt, nicht aufgrund meines Körpers oder irgendwelcher Eigenschaften. Daß ich ihm ungeheuer viel wert bin. Aber oft bin ich innerlich sehr einsam. Sechs Jahre in der Szene wirft man nicht so einfach von sich ab.«

Ich frage mich, wie viele junge Männer wie Eric wohl in San Francisco herumlaufen, und in New York, in Köln, in Frankfurt? Ist die »homosexuelle Befreiung« wirklich der Schlüssel zu Befreiung der Homosexuellen? Hält die Lebenswirklichkeit, was die Propaganda verspricht? Für Eric jedenfalls führte die Befreiung von Elternhaus und den gesellschaftlichen Normen und das Hineingehen in die homosexuelle Szene nicht zur letzten, ausreichenden Sinngebung für das Leben.

Zwänge in der Subkultur

Daß auch die schwule Subkultur von immensen Zwängen bestimmt ist, leugnen auch die Verteidiger der »Gay Liberation« (Homosexuelle Befreiungsbewegung) nicht. Ihre Erklärung ist, kurz skizziert, etwa folgende: Weil der Homosexuelle so lange, durch Jahrhunderte hindurch, zu einer von der Gesellschaft unterdrückten und verfolgten Minderheitsgruppe gehörte, und die Normen der heterosexuellen Gesellschaft ihn fremd bestimmten und kaputtmachten, ventiliert sich die so aufgestaute Aggression in den Selbsthaß sowie in sexuelle Aggression und bewirkt die Übertragung der gesellschaftlichen Herrschaftsstrukturen auch in homosexuelle Beziehungen. Ist erst einmal die Gesellschaft tolerant geworden, das heißt, wird Homosexualtät nicht mehr unterdrückt, und bekommt das »homosexuelle Kind« von vornherein positive homosexuelle Rollenvorbilder vor Augen gestellt, so wird der Aufstauung des Selbsthasses entgegengewirkt und der Homosexuelle endlich befreit, sich selbst ganz anzunehmen und seine Beziehungen im Kontext voll Liebe und Zärtlichkeit zu gestalten.

Ein weiteres, oft noch unausgesprochenes Ziel ist es, die angeblich in jedem Menschen angelegte Homosexualität freizusetzen und zum Ausdruck zu bringen, so daß schließlich Geschlechtsunterschiede oder Geschlechtsgleichheit in der Partnerwahl keine Rolle mehr spielen. Von dieser sexuellen Befreiung erhofft man sich die von allen Autoritätsstrukturen ledige Gesellschaftsform der Zukunft. Diese Befreiung von den geschlechtsspezifischen Rollen wird ganz im Rahmen der früheren Bürgerrechtsbewegungen verstanden und als ihre legitime Fortsetzung interpretiert. Natürlich variiert die Intensität der Verquickung marxistischer Denkstrukturen mit den spezifischen Zielen der sogenannten homosexuellen Befreiungsbewegung von Gruppe zu Gruppe. Dennoch taucht auch hier weder das alte einfache Schema auf: Weil die Anderen böse sind, bin ich auch böse. Und erst wenn sie nicht mehr böse sind (und wenn ich die Macht dazu habe, werde ich sie nötigenfalls auch mit Gewalt dazu zwingen!), werde ich auch nicht mehr böse sein.

Natürlich ist ein großer Teil der Anklagen, die von den Vertretern der Homosexuellenbewegung ausgesprochen werden, gerechtfertigt. Im Rahmen der mittelalterlichen und teilweise noch neuzeitlichen Hexenprozesse haben sich auch fanatische »Christen« dazu hinreißen lassen, homosexuelle Menschen aufzuspüren und zu verbrennen. Das englische Wort für einen Homosexuellen »faggot« (Schwuler), das eigentlich »Reisbündel« bedeutet, zeugt noch davon. Und ich denke, daß wir in der Kirche darüber Buße tun sollten, daß wir oft nicht um Menschen, sondern gegen Menschen gekämpft haben.

Befreiung – wie und wozu?

Andererseits halte ich die Befreiungsideologie vieler homosexueller Gruppen für eine Illusion. Befreiung wird hier meist als völlige Loslösung von jeglicher Bindung verstanden. Im Hintergrund steht dabei ein individualistisches Konzept, bei dem die Selbstverwirklichung des Einzelnen höchster Wert ist und, jedenfalls nach meinen Beobachtungen, oft jeglicher Blick für Verantwortung in gesellschaftlicher und weltweiter Hinsicht fehlt. Auf meinen Reisen in der Dritten und der Vierten Welt bin ich oft auf Menschen gestoßen, die, motiviert durch ihren christlichen Glauben, ihr Leben im Dienst für die Armen und Vergessenen verzehren. Einen, der aufgrund der homosexuellen Befreiungsideologie zu einem solchen Lebenseinsatz gekommen ist, habe ich noch nicht gefunden. Neben dem meist ausgeprägten egozentrischen Individualismus ist noch ein zweiter Gesichtspunkt bei diesem Ansatz unbefriedigend.

Die Frage nach Gott ist ausgeschaltet. Das Leben und der Mensch wird rein innerweltlich verstanden und interpretiert. Die einzigen Beziehungen, die von Bedeutung sind, sind die Beziehung des Einzelnen zu sich selbst (Ichkonstanz) und dann die Beziehung zu anderen Menschen. Es gibt deshalb keine letzte Verantwortlichkeit einem göttlichen Richter gegenüber, aber auch keinen über die uns beschiedenen siebzig oder achtzig Jahre (in den Ländern der Dritten und Vierten Welt liegt die Lebenserwartung bis um 40 Jahre unter der unserigen!) hinausreichenden Lebens- und Weltsinn. Edmund White, einer der Mitautoren von »The Joy of Gay Sex« (Die Freude homosexueller Sexualität), durch diese und andere Publikationen in homosexuellen Kreisen der USA bekannt, macht in seinem Buch »States of Desire« (Doppelsinn: Die Staaten des Begehrens oder Zustände des Begehrens), das in Form eines Reisetagebuchs über das »homosexuelle Amerika« berichtet, eine bezeichnende Aussage in bezug auf seine Erwartungen für die Zukunft. Er schreibt: »Persönlich gebe ich uns noch zwanzig Jahre.« Ein wahrhaft hoffnungsloses Zukunftsbild.

Noch eine dritte Beobachtung läßt mich ein großes Fragezeichen hinter die Thesen der homosexuellen Gruppen setzen. Ich meine die erschreckende, überall deutlich wahrzunehmende Tendenz zur zunehmenden Brutalisierung der Sexualität. Sogar Hans Eppendorfer spricht in »Konkret Sexualität« (1979) von diesem Phänomen: »Aus den USA nahen Sexwellen, deren Inhumanität den völligen Zerfall einer Kultur ankündigen.« Die Geister, die man rief, verselbständigen sich und führen ein Schreckensregiment über den Menschen.

Los Angeles

Die Stadt, im Frühjahr noch relativ smogfrei, brachte uns die Begegnung mit einer sehr bemerkenswerten Frau. Barbara Johnson, Mutter von vier Söhnen, Autorin eines Bestsellers unter christlichen Büchern in den USA, organisiert eine Hilfsgruppe für Eltern, Ehegatten und Verwandte homosexueller Menschen. Befragt, wie sie dazu kam, diese Arbeit aufzubauen, erklärt sie: »Als ich aufwuchs, wußte ich nicht einmal, was Homosexualität ist. Ich dachte später dann, daß »so etwas« in einer christlichen Familie nicht vorkommen kann. Als vor einiger Zeit berichtet wurde, daß der Sohn einer uns bekannten Familie homosexuell sei, verkündete ich noch lautstark in unserer Familie, daß ich lieber sterben würde, als daß so etwas in meiner Familie passierte. Als wir kurz darauf entdeckten, daß unser zwanzigjähriger Sohn homosexuell war, konnten wir es zuerst kaum glauben. Obwohl wir versuchten, ihm unsere Liebe und Annahme klar zu machen, verhielten wir uns völlig falsch.

Und so verstand er unsere spontane Fehlreaktion als Ablehnung seiner Person. ›Du bist nicht meine Mutter, ich will dich nie wieder sehen!‹ schrie er. Zwei Tage später verschwand er und wir sahen ihn elf Monate lang nicht. In den ersten Monaten nach seinem Verschwinden kam ich in eine schwere Depression. Ich nahm fünfzehn Kilo an Gewicht ab und war fast unfähig, irgend etwas zu tun. Morgens konnte ich kaum aufstehen. Immer wieder fragte ich mich: Was habe ich falsch gemacht? Unser erster Sohn ist im Vietnamkrieg gefallen. Das war natürlich hart für uns, aber wir wußten, daß er als Christ im Frieden mit Gott gestorben ist. Sein letzter Brief, mitten aus dem Kampfgeschehen, war voller Trost und Freude. Dann kam unser zweiter Sohn bei einem Autounfall auf der Rückreise von Alaska, wo er den Sommer über gearbeitet hatte, ums Leben. Auch ihn lernten wir loszulassen. Aber diesmal war es anders. Wir wollten unsere Fehler so gerne wieder gutmachen, aber wir hatten keine Möglichkeit, unseren Sohn zu erreichen.

In den Monaten nach dem Verschwinden unseres Sohnes lernte ich viele Dinge. Zuerst schien es, daß es sonst niemanden auf der Welt gäbe, der dieselben Erfahrungen mit Selbstanklage und Depression durchmachte. In dieser Zeit lernten mein Mann und ich, Gott wirklich zu vertrauen, und auch unseren Sohn emotional loszulassen. Erst danach begann der Heilungsprozeß an unseren seelischen Verwundungen. Wir fanden andere Eltern, die in der gleichen Situation wie wir waren. Frauen, deren Männer homosexuell sind, und andere Familienangehörige. Wir bildeten dann eine Gruppe, den »Spatula Club«, der helfen soll, emotional mit unseren Problemen fertig zu werden, um dann frei dafür zu sein, unseren Angehörigen in Liebe und Annahme zu begegnen. Unser Club heißt »Spatula« (Spachtel), weil zu uns viele Eltern kommen, die emotional an der Decke kleben, und wir sie erst einmal gemeinsam mit der Spachtel der Liebe und Anteilnahme abkratzen müssen, um sie dann wieder zusammenzuflicken.«

Barbara kann man stundenlang zuhören. Sie spricht wie ein Wasserfall. Sie ist eine typische Südkalifornierin, ihr Haus liegt in direkter Nachbarschaft von Disneyland. Ihre Sprachbilder sind bisweilen etwas drastisch, aber sie wird ernst genommen und ist vielen Menschen eine Hilfe, weil sie mit beiden Beinen auf dem Boden steht. Kein Wunder, sie hat sehr Schweres durchgemacht. Zum Tod ihrer beiden ältesten Söhne kam noch ein tragischer Verkehrsunfall ihres Mannes hinzu. Er lag mehrere Wochen im Koma. Die Ärzte hatten ihn schon aufgegeben. Wenn er weiterleben würde, so lautete ihre Erklärung, dann nur im Dämmerschlaf als ein Wesen, das künstlich ernährt und beatmet werden müsste.

Dennoch ist Mr. Johnson jetzt wieder hergestellt und kann seinen Beruf als Ingenieur weiter ausüben.

Annehmen, nicht abweisen

Meine Frage: »Barbara, welchen Rat gibst du Eltern homosexueller Menschen?« »Ich sage etwa Folgendes: Hör auf, dir selbst Vorwürfe zu machen. Anstatt Ratschläge zu geben und den Psychologen oder Seelsorger zu spielen, solltest du dein Kind bedingungslos lieben und annehmen. Versuche auf jeden Fall, die Verbindung aufrecht zu erhalten. Mache deine Wohnung zu einem Heim voll Liebe und Wärme für den Rest deiner Familie. Suche Freunde, mit denen du austauschen, lachen und weinen kannst. Stärkt eure Ehe. Wenn ihr sie vernachlässigt habt, baut wieder neu an dieser Beziehung. Zieht euch nicht aus dem Leben zurück. Sucht vor allem die Gemeinschaft einer Gemeinde, in der Jesus lebendig erfahren wird und das Lob und die Anbetung Gottes einen wichtigen Faktor darstellen. Gott behält den Überblick und kann aus jeder Situation Gutes wachsen lassen.«

Der Titel von Barbaras erstem Buch lautet: »Where Does a Mother Go To Resign?« (Wo kann eine Mutter kündigen?) Barbara: »Nirgends. Eine Mutter bleibt eine Mutter. Aber wir müssen als Eltern lernen, unsere Kinder ganz loszulassen.« Frage: »Wie heißt dein neues Buch?« Barbara: »Ich arbeite gerade an einem Buch mit dem Titel: »Peelings off the Ceiling« (Von der Decke abgekratzt). Es stellt die Lebensgeschichte einiger Männer und Frauen unserer Gruppe dar, die neue Hoffnung für sich und ihre Familien bekommen haben. Ich hätte nie daran gedacht, Bücher zu schreiben, aber die Nachfrage nach meinem ersten Buch war so groß und so viele Leute haben um Hilfe angefragt, daß ich gemerkt habe, wie nötig diese Arbeit ist.«

In der Begegnung mit Barbara wurde mir erneut deutlich, daß die Entscheidung für die Homosexualität nie im luftleeren Raum geschieht. Andere Menschen sind mitbetroffen. Oft ist es nicht nur eine allgemeine Ablehnung der Frau (bei männlicher Homosexualität), sondern diese Ablehnung konkretisiert sich an einer bestimmten Person, die sie dann gebündelt erfährt. In vielen Fällen ist das die Ehefrau, der der Mann ja Treue bis in den Tod geschworen hat. Ist jemand schon einmal auf den Gedanken gekommen, für die Rechte der Ehefrauen homosexueller Männer zu kämpfen? Oder die der Eltern? Oder haben die keine Ansprüche an den Betreffenden anzumelden, sondern es obliegt ihnen lediglich die Verpflichtung, tolerant zu sein und alles zu akzeptieren? Natürlich rede ich überspitzt, aber ich möchte an diesem Punkt meine Kritik am individualistischen Selbstverwirklichungsansatz der homosexuellen Befreiungsideologie wiederholen. Müßte ein Lebenskonzept (im christlichen Raum: eine theologische Ethik) nicht dem Individuum und der Gemeinschaft gleichermaßen Rechte und Pflichten zuweisen? Mit anderen Worten: Kann eine Ideologie der »Befreiung von« existenzbegründenden Charakter haben?

Barbara Johnson hat es sich nicht leicht gemacht und es auch nicht leicht gehabt. Sie hat jedoch nicht nur ihre Lebenskrisen bewältigt, sondern ist nun auch anderen Menschen in ähnlicher Lage eine Hilfe. Und das hat mich beeindruckt. Der Grund dafür? Mit ihren eigenen Worten: »Wenn du anfängst, Gott mitten in deinem Problem zu loben, wächst in dir das Vertrauen darauf, daß er auch aus dieser Situation etwas ganz Besonderes machen wird.«

Dallas – Im Zentrum die Liebe

Unsere letzte Station war Dallas in Texas, dem flächenmäßig größten Bundesstaat der USA nach Alaska. Wir wurden von einer ganzen Gruppe von Leuten erwartet. Jerry ist Schauspieler, David Maler, Darrell Filmregisseur und Greg Sänger und Pastor. Ich lernte viel von ihnen und konnte die wesentlichen Eindrücke unserer Reise im Gespräch mit ihnen noch einmal vertiefen. Manchmal stehe ich persönlich in der Gefahr, beim Kampf gegen Ideen, von denen ich glaube, daß sie Menschen zerstören, zu vergessen, daß ich nicht beauftragt bin, gegen Menschen, sondern für sie und um sie zu kämpfen. Die Freunde in Dallas verkörperten für mich die Balance zwischen dem Einstehen für die Wahrheit und dem liebenden Annehmen auch dessen, der meine Ansichten nicht teilt, in besonderer Weise. Sie lassen sich etwas einfallen, um die Nachricht von der Liebe Gottes in zeitgemässer Form verständlich zu machen. So gründeteten sie zum Beispiel eine Schauspielgruppe, in der sie selbstgeschriebene Stücke inszenieren. Darrell arbeitet zur Zeit an einem Film, der das Angebot der Lebenserneuerung durch Christus homosexuellen Menschen deutlich machen soll. David gründete »Gay Anonymous« (Anonyme Homosexuelle) in Dallas, die ähnlich wie die Gruppen der Anonymen Alkoholiker arbeiten. Es gibt auch an anderen Orten ähnliche Versuche. Die »zwölf Schritte« der Anonymen Alkoholiker sind umgearbeitet und der Problematik homosexueller Menschen angepaßt. Der erste Schritt ist das Eingeständnis, seiner Lebensproblematik machtlos gegenüberzustehen. Die Gruppen der »Gay Anonymous« arbeiten bewußt ohne besondere chistliche Inhalte, obwohl Davids Motivation zu dieser Arbeit aus seiner Jesusbeziehung herrührt. Einzige Voraussetzung zur Teilnahme ist der Wunsch, aus der Homosexualität herauszukommen. Das Interesse, das »Gay Anonymous« gefunden hat, ist erstaunlich. David erklärt dazu: »Änderung ist schwierig, aber möglich. Wer wirklich ehrlich vor sich selbst ist und eine klare Lebensbilanz macht, hat große Chancen, seine Homosexualität zu überwinden. Viele Homosexuelle sind motiviert, weil sie erkannt haben, daß sie im homosexuellen Lebensstil nicht das gefunden haben, was sie sich erhofften und eigentlich suchen. So werden viele auch offen für die Frage nach Gott.« Greg: »Wir sitzen zwischen zwei Stühlen. Für den Geschmack der Kirchenleute sprechen wir zuviel über Homosexualität. Für den Geschmack der Homosexuellen sprechen wir zuviel über Jesus. Wir sind eine absolute Minderheit. Aber das macht nichts. Jesus war auch in der Minderheit und wurde mißverstanden und verleumdet. Es geht uns darum, dem Einzelnen zu helfen, nicht um große Zahlen. Wir wollen für zerbrochene, verwundete Menschen eine Brücke zurück zur Kirche sein. Wir wollen dafür kämpfen, daß die Gemeinde Jesu Christi das Instrument der Heilung auch für homosexuelle Menschen wird, das sie von Gottes Absicht her sein wollte.« Greg sucht das Gespräch mit den Homosexuellen. Er geht zu ihren Gruppen und in ihre Bars, um ihnen dort zu begegnen, wo sie stehen. Was ist seine Botschaft für den Homosexuellen? In einem seiner Rundbriefe schreibt er: »Wenn du homosexuell bist, sollst du wissen, daß Gott dich sehr liebt. Er verdammt dich nicht, sondern er möchte dich durch seine Liebe ändern. Was du brauchst, ist nicht, ›normal‹ zu werden, sondern, Gottes Kind zu werden. Was ich eigentlich immer nur wollte, war, geliebtzuwerden und zu lieben. Die Homosexualität jedoch verdarb alles Gute und Liebevolle in meinem Leben. Jesus befreite mich von der Homosexualität, Furcht und Schuld. Jesus möchte alles sein, was du brauchst. Er will dich befreien und dir zeigen, daß du viel mehr bist und sein kannst, als deine alte Identität, die homosexuelle, dir je zu sein erlauben wird. Gottes Wort sagt, daß du eine neue Schöpfung in Christus sein kannst, wenn du nur willst. Du kannst das werden, wozu Gott dich eigentlich geschaffen hat, ohne Begrenzungen. Wen der Sohn Gottes frei macht, der ist wirklich frei.«

Daß diese Aussage wahr ist, dafür habe ich auf meiner Reise in

den Vereinigten Staaten genügend lebendige Beweise gesehen.
Und nicht nur da.

Die neue Seelsorgebewegung für homosexuelle Menschen in den USA ist eine Christusbewegung. Außerhalb der Verbindung mit Christus hat es keinen Sinn, von Seelsorge zu reden. Ohne ihn gibt es höchstens eine Psychotherapie, bei der der Erfolg der Therapie von der Methode, dem Geschick des Beraters und der Motivation und Mitarbeit des Ratsuchenden allein abhängt. Natürlich auch von den formulierten Therapiezielen. Und selbst die beste psychotherapeutische Methode muß bei dem Vorletzten ihre Grenze finden. Als Arbeit an der Psyche, der Seele, kann sie allein von ihrem eigenen Anspruch her die letzten Tiefenschichten des Menschen nicht erreichen, den Bereich des Geistes, aus dem nach Auskunft der Bibel die menschlichen Wege und Irrwege erst verstehbar werden. Nur in der Lebensverbindung mit Christus wird dieser Bereich des Geistes, der ohne die Gegenwart des Geistes Gottes nach dem Zeugnis der Schrift tot bleibt, belebt und erfährt Tiefenheilung, die dann auch auf die Psyche und den Leib übergreifen. Das geschieht allerdings nicht ohne das aktive Wollen des Menschen.

Seelsorge, auch im Bereich der Homosexualität, ist deshalb immer geistliches Geschehen und nicht den wechselnden Strömungen der psychotherapeutischen Schulen unterworfen. Derselbe Christus, der schon in Korinth im Jahre 50 unserer Zeitrechnung Menschen aus ihrem homosexuellen Lebensgeschick herauslöste, ist auch heute in seiner Gemeinde lebendig, um Menschen die Erneuerungskräfte, die aus seiner Auferstehungswirklichkeit herausfließen, mitzuteilen. Er hat mit seinem Tod am Kreuz die letzte und eigentliche Menschheitsproblematik, die Versklavtheit an die Sünde und den Tod, bewältigt. Jeder, der sich nun in Erkenntnis seiner Bedürftigkeit und Schuld, aber auch in dankbarer Anerkennung der Liebe Gottes ihm zuwendet, wird gelöst von seiner persönlichen Schuld und kommt in den aufbauenden Einflußbereich der Nähe Gottes.

Deshalb gehört Seelsorge an homosexuellen Menschen in die Gemeinde. Deshalb bedarf es auch keiner psychologischen, theologischen oder anderer Doktortitel, um helfen zu können. Jesus Christus ist die göttliche Weisheit, von Menschen zwar als Torheit verschrien, denen aber, die an ihn glauben, die Kraft Gottes zu Rettung. Ich habe mit großer Erwartung und viel Skepsis diese Reise angetreten, und bin mit großer Freude zurückgekehrt. Erneuerung durch Jesus ist keine fromme Leerformel, sondern vielfach erfahrene Wirklichkeit. Auch in meinem Leben.

Die Alternative – Aus Briefen an meine Freunde

Die folgenden Briefe sind ursprünglich nur für einen kleinen Kreis geschrieben worden. Deshalb findet sich manch eine persönliche Note darin. Weil sie aber ein gutes Bild vermitteln können von dem gegenwärtigen Stand des Nachdenkens über die Themafrage »Christ und homosexuell?«, möchte ich im folgenden einige von ihnen in nur leicht abgeänderter Gestalt wiedergeben mit der Hoffnung, dadurch mit diesem nunmehr erweiterten Leserkreis in einen ebenso fruchtbaren Gedankenaustausch einzutreten.

Juni 1980

In Eurer Hand haltet Ihr den ersten von hoffentlich vielen guten Alternative-Rundbriefen, die ich denen, die mit mir auf dem Weg aus der Homosexualität in ein Leben nach Gottes Konzeption sind, schicken möchte.

Erneuerung durch den Geist Gottes für homosexuelle Menschen ist kein neues Konzept. Schon Paulus konnte schreiben: »Solche sind einige von Euch gewesen.« Betonung auf gewesen. Nur hat die Gemeinde dieses Gebiet der Seelsorge lange vernachlässigt oder nur hinter vorgehaltener Hand darüber gesprochen. Manchmal haben sich unsere Geschwister sogar in den Dienst der Unterdrückung homosexueller Menschen nehmen lassen! Es gab in Europa eine Zeit, in der homosexuelle Menschen verbrannt wurden. Nun, ich möchte keinen verbrennen, auch die nicht, die meine Ansichten nicht teilen, sondern vielmehr den Balsam der Liebe Gottes geschlagenen und geschundenen Menschen anbieten. Ich bin davon überzeugt, daß viele Freunde den Weg Gottes wagen würden, sähen sie nur lebendige Beispiele der verwandelnden Kraft Gottes. Ich werde nie vergessen, wie ich zum ersten Mal das Zeugnis eines ehemaligen Homosexuellen hörte. Das war im Teen Challenge Zentrum in Wiesbaden im September 1977. Paul Almy ist inzwischen ein guter Freund geworden. Er leitet im Norden Frankreichs ein Rehabilitationszentrum und geht noch immer die Wege des Herrn.

Eine weitere große Ermutigung war es, auf der Reise in den Vereinigten Staaten Anfang des Jahres Brüder zu treffen, die früher ausschließlich homosexuelles Verhalten (und Fühlen) kannten und nun glücklich verheiratet sind und Kinder haben. Natürlich sage ich nicht, daß eine Ehe die Kur für Homosexualität ist oder daß nur Verheiratete wirklich befreit sind. Ich bin auch nicht verheiratet, aber hauptsächlich deshalb, weil ich noch kein grünes Licht von Gott habe. Es ist eine ganz tolle Sache, wenn ein Mensch, der früher emotional völlig davon abhängig war, jemanden zu »haben«, nun allein leben und allein abends ins Bett gehen kann. Und er dann zunehmend stark wird, andere zu tragen und offen wird für das andere Geschlecht. Wachstum braucht Zeit und wir sollten unsere Männlichkeit nicht nach den Maßstäben der Welt messen. In den Briefen des Paulus an Timotheus und Titus finden wir ganz andere Eigenschaften aufgelistet als für Männer Gottes notwendig als die, die uns die Marlborowerbung vor Augen malen will: »unbescholten, nicht anmaßend, nicht zornmütig, kein Trinker, kein Raufbold . . . sondern besonnen, gottesfürchtig, gerecht, enthaltsam« (Tit. 1, 7).

Diese Briefe sind lohnend zu lesen. Ich komme zu Euch nicht als einer, der alle Antworten hat, sondern als einer, der von Jesus ergriffen und überwunden ist und dem klar wurde, daß sein neuer Herr auch eine Antwort für seine Homosexualität bereit hat. Diese Antwort buchstabiere ich Stück für Stück nach und hoffe, im Austausch mit Euch vieles dazuzulernen.

Ich möchte noch in einigen Sätzen meine Position zum Ausdruck bringen. Mein Denken kommt ganz von der Offenbarung Gottes in Jesus her. Entweder ist es wahr, daß Gott Mensch geworden ist, oder es ist nicht wahr. Hier kann ich nicht neutral bleiben, wenn ich intellektuell redlich bleiben will. Und wenn dies »wirkliche Wahrheit« ist, dann ist es selbstmörderisch, an diesen Fakten vorbeizuleben. Ich weiß davon aber nur durch Vermittlung des Alten und Neuen Testaments. Hier fällt die zweite Grundentscheidung. Ich kann mir nicht mehr aus diesem Zeugnis der Offenbarung heraussuchen, was mir gefällt und übergehen, was mir gegen den Strich geht, sondern ich nehme alles an oder nichts.

Deshalb ist es nicht nur unmöglich, sondern auch völlig unlogisch, vom Gott der Liebe zu reden (ein biblisches Konzept, das so in anderen Religionen nicht vorkommt), das Gericht Gottes aber und die Forderung nach Reinheit und Gehorsam, (ebenfalls zentrale biblische Konzepte) außer Acht zu lassen. Andere mögen Wege finden, so doppelgleisig zu denken, mir ist das nicht möglich. Dann ist aber auch jede Verheißung der Bibel gültig.

Nun bin ich, wie ich vorhin schon sagte, ein von Jesus auch in seinen Zweifeln und seinem Versagen Überwundener. Ich rede zu meinen homosexuellen Freunden nicht als Moralist oder als ein Vorposten gesellschaftlicher Normierer, nicht als Konservativer oder Revolutionär, sondern als Beauftragter des Auferstandenen, der die einzige Lebensalternative für jeden Menschen, hetero- oder homo- oder irgendetwas anderes, anbietet und zusammen mit der Gemeinde aller Zeiten proklamiert: »Es ist in keinem anderen Heil, ist auch kein anderer Name unter dem Himmel den Menschen gegeben, darin sie sollen selig werden«, als nur dieser Name Jesus. Dies Heil gilt für jeden und hat auch für jeden unbedingte praktische Konsequenzen. Hinkehr zu Jesus ist immer Abkehr von den falschen Götzen, die uns doch nur versklaven und in der Einsamkeit zurücklassen. Jesus will unser Freund werden, der immer da ist. Er will durch seinen Geist in unseren Herzen Wohnung machen. Er stillt unseren Lebensdurst.

Das kann ich jetzt alles nur andeuten, und hoffe, in den zukünftigen Briefen diese großartigen Dinge in kleine Pakete verpackt in bezug auf verschiedene Lebensfragen konkretisieren zu können. Ich suche also den dritten Weg, der weder in der Unterdrückung noch in homosexueller Befreiung letztlich die Hilfe sucht, sondern Hilfe und Lebenserneuerung von Gott her erwartet. Er wird Menschen so erneuern, daß sie fähig werden, auf seinen Wegen zu gehen und so etwas zu sein zur Ehre Gottes und zur Hilfe für andere. Das ist's für heute. Ich möchte Euch bitten, mir im Lauf der nächsten Zeit kurz zu schreiben, wenn Ihr diese Rundbriefe weiter erhalten möchtet. Alles Gute und viel Kraft! Roland

Zitat von Robbi Kenney in »Outpost«: »Meine persönliche Überzeugung ist, daß die »Heilung« des Einzelnen ein Nebenprodukt geistlicher Reife ist. Die Emotionen und sexuelle Identität kommen in dem Maße in Ordnung, wie das Ganze unseres Lebens in die Unterordnung unter das Kreuz kommt. Bei einigen dauert es länger als bei anderen, bis sie Heilsein (wholeness) erfahren in ihren Beziehungen und Gefühlen. Aber einfach im Gehorsam leben, Vergebung zu erfahren in einer ständigen Liebesverbindung zu Christus, bringt Heilung. Die Heiligung ist diese Heilung! Indem wir Christus ähnlicher werden in allen Gebieten des Lebens . . .«

September 1980

Ich habe mich in den Sommermonaten noch einmal sehr intensiv mit den theoretischen Problemen in der gegenwärtigen Diskussion um die Homosexualität befaßt. Ein zweiter Schwerpunkt meines Nachdenkens lag in der Begründung (Theorie) und Praxis eines wirklich biblischen, d. h. Gott und dem Menschen angemessenen Seelsorgeansatzes. Besonders durch das vertiefte Studium der säkulären Literatur zu dem Thema, sowohl der psychologischen als auch der sexualwissenschaftlichen Arbeiten, als auch vieler Stellungnahmen betroffener Menschen ist mir neu die radikale Andersartigkeit des biblischen Ansatzes bewußt geworden, und gleichzeitig die unvergleichliche Sinngebung, die in einer Lebensbeziehung zu Jesus ermöglicht wird.

Viele Stellungnahmen homosexueller Gruppen sind immer noch nach dem Schema angelegt: Die böse Gesellschaft unterdrückt uns. Wenn wir endlich befreit sind, werden wir in Harmonie und Zärtlichkeit leben. Die Schuld wird hier nur bei den gesellschaftlichen Strukturen (sprich: den anderen Menschen) gesucht. Den Tatbeweis, nämlich erneuerte Menschen, die wenigstens teilweise die angestrebten Ziele verwirklichen, bleiben diese Gruppen aber bislang schuldig. Jedenfalls habe ich noch kein Lebensmodell gesehen, das auch nur annähernd den Forderungen entsprach. Ihre Theorie, daß nach der sogenannten Befreiung alles anders werden wird, muß ich einfach glauben. Hier ist verlangt, eine ganz bestimmte utopische (im neutralen Sinne) Vorstellung zu übernehmen und zu glauben. Das fällt mir schwer.

Andere Stimmen reproduzieren immer wieder Variationen zu folgenden Themen: Zwänge im schwulen Leben. Laßt uns die zerstörerischen Riten in den Bars zerbrechen. Oder mehr konservativ-romantische Themen: Die ideale Beziehung. Mein erstes Erlebnis. Oder mehr psychologisierend: Meine Mutter. Abrechnung mit meiner sexualfeindlichen Vergangenheit.

Allen diesen Meinungen und Themendiskussionen ist gemeinsam, daß sie die Probleme mit rein innerweltlichen Lösungsvorschlägen in den Griff bekommen wollen, und immer wieder an ihre Grenzen stoßen (müssen). Dann folgt meist ein Appell an den guten Willen, eine Aufforderung, Solidarität zu üben und die Hoffnung, daß irgendwann einmal alles ganz anders wird, wenn wir nur zusammenhalten und an uns selbst arbeiten. Manche dieser Ansätze haben eine politische, meist linksorientierte Färbung, obwohl zugegebenermaßen die Situation der Homosexuellen im realen Sozialismus (d. h. in den Ländern, deren Staatsideolgie und Regierungsform von sozialistischen bzw. kommunistischen Vorstellungen herrührt, oder die das wenigstens von sich behaupten) alles andere als eine gesellschaftlich befreite und akzeptierte ist.

Ich möchte ein Bild gebrauchen, um aufzuzeigen, wie sich mir all diese Selbstbefreiungsversuche darstellen: Ein Haus. In einem Raum tagt eine Gruppe: Leute einer Selbsterfahrungsgruppe. Im nächsten Zimmer tagt eine andere Gruppe: Politiker diskutieren mit Homosexuellen. Auf den Gängen verteilt eine Anzahl engagierter Leute Flugblätter. Im Untergeschoß ist eine Bar mit Disco, gerammelt voll. Im Keller werden Filme gezeigt. Alles in Allem: Eine friedliche Szene. Nur ein Problem. Das Haus brennt.

Vielleicht denkt der Eine oder Andere, ich überzeichne. So drastisch und schwarz braucht man doch nicht zu malen. Aber was soll ich halten von einer Subkultur, die den Menschen zunehmend auf seinen Körper reduziert? Was von einem Lebensangebot, das voraussagbarerweise in die Einsamkeit führt? Das Leid und Frustration wie kaum eine andere Lebensweise beinhaltet? Das sich immer wieder neu enthusiastisch auf immer wieder neu enttäuschte Beziehungen stützen muß? Das eine Selbstmordversuchsquote aufzuweisen hat, die weit über dem Durchschnitt liegt? Zugegeben,die Gesellschaft hat auch hieran ihren Teil Schuld, der teilweise beträchtlich ist. Aber das übliche Schwarzepeterspiel kann ich dennoch nicht mitmachen. Ist die Gesellschaft schuld, wenn der Achtzehnjährige den über Dreißigjährigen in der Bar wie Dreck behandelt? Alle diese Fragen sind komplexer Natur, das weiß ich wohl, aber ich will aufzeigen, daß es nicht weiterhilft, Schuld nur bei anderen zu suchen. Das ist ausgesprochen unreifes Verhalten. Zugegeben, alle die beschriebenen Strukturen gibt es auch bei heterosexuellen Beziehungen. Aber die sitzen nach der Diagnose der Bibel auch oft in einem brennenden Bau, wenn da auch anderer Baustoff und andere Farbe verwendet worden sind.

Die eigentlich hilfreiche Fragestellung ist nicht: Wie komme ich von einem in den anderen Raum? (z. B. vom Discountergeschoß in die niveauvolleren Räume des Jet-Set oder in die hellerleuchteten Zimmer der Selbsterfahrungsgruppen oder auf die weiten Gänge der politischen Aktion). Die Frage ist viel radikaler. Gibt es einen Weg heraus? Gott möchte nicht, daß wir in unseren selbst- oder fremdgebauten Gefängnissen umkommen. Er möchte für uns ein Leben, in dem wir unser Geschick unter seiner Führung in großer innerer Freiheit selbst in die Hand nehmen und lenken. Wieviel mehr werden die, die sich erlösen lassen, HERRSCHEN IM LEBEN durch den Einen, Christus Jesus! (in Anlehnung an Röm. 5, 17) Wie kommen wir aus der Sklaverei in Ägypten in die Freiheit des verheißenen Landes? Zwar stehen die Fleischtöpfe in

Ägypten. Aber der Genuß muß sich durch harte Sklavenarbeit und viele Blutopfer teuer, viel zu teuer verdient werden. Die Homosexualität ist so ein Gefängnis. Kein äußerliches. Aber dennoch stark genug, um Unzählige in Verzweiflung zu treiben. Manche begehen Selbstmord. Manche finden sich mit den Umständen ab. Aber wie teuer wird ein wenig Zuneigung oft erkauft!

Dannecker/Reiche machen auf Seite 12 ihres Werkes »Der gewöhnliche Homosexuelle« eine interessante und sehr bezeichnende Aussage: »Im Gegensatz zu Bekenntnissen wie« Ich bin Kommunist« oder »Ich habe gestohlen« ist das Bekenntnis »ich bin homosexuell« biographisch irreversibel « Mit anderen Worten: Wer zugibt, homosexuell zu sein, wird sich nicht mehr ändern können. Es ist hier gleichgültig, ob Dannecker/Reiche meinen, er könne sich nicht mehr ändern, oder ob sie lediglich ausdrücken wollen, daß dieses Bekenntnis in den Augen der Gesellschaft unwiderrufbar festlegt. Ich nehme das Erste an. In jedem Fall stellt diese Aussage eine unüberhörbare Herausforderung dar. Gibt es vielleicht doch einen Weg? Oder muß ich Dannecker/Reiche recht geben und das Beste draus machen?

Wie anders die Aussage des Neuen Testaments: »Ist jemand in Christus, so ist er eine neue Kreatur. Das Alte ist vergangen, siehe, Neues ist geworden.« (2. Kor. 5, 17). Womit wird diese unerhörte Durchkreuzung aller innerweltlichen Festlegung begründet? Die Begründung liegt in diesem einfachen Satz: »Wenn jemand in Christus ist.« Über diesen Christus heißt es an anderer Stelle im Neuen Testament als Lebensprogramm: »Des Namen sollst du Jesus heißen (Jesus = Jeshua = Der Herr hilft), er wird sein Volk herausretten aus ihren Sünden.« (Matth. 1, 21)

Als Christen und Nichtchristen sind wir gefragt, welchem Wort wir glauben wollen. Der Jesus der Bibel ist kein Weichling, der immer nur lächelnd und ja, ja sagend durch die Gegend lief. Der Gott der Bibel ist kein *G*uter *O*pa *T*otal *T*aub. Er ist der Schöpfer und Herr, der sich die Möglichkeit und das Recht aufbewahrt hat, in die Geschichte einzugreifen. Auch in die ganz persönliche Lebensgeschichte eines Menschen. Darin begründet sich alle Seelsorge im Gegensatz zu reiner Psychotherapie, die aufgrund ihres geschlossenen Weltbildes (Welt ohne eingreifenden, handelnden Gott) nur rein mechanistisch im Zusammenhang von Kausalitäten arbeiten und denken kann (wenn dies und das in den Menschen = Maschine eingefüttert wird, kommt in zu erwartender Weise dies und das heraus).

Seelsorge weiß, daß Gott handelt und daß er helfen will. Daß er in das Weltgeschehen eingreift, Menschen erneuert, sie mit geistlichen Gaben ausrüstet und in ihnen das Bild seines Sohnes Jesus, des vollkommenen Menschen, wachstumsmäßig bildet. Ich möchte für heute abschließen mit der Ermutigung, die Gott Josua vor den Grenzen des verheißenen Lands gab: »Siehe, ich habe dir geboten, daß du getrost und freudig seist, denn der Herr, dein Gott, ist mit dir in Allem, was du tun wirst.« (Jos. 1, 9).
Mit Liebe, Roland

Oktober 1980

Ich bin voller Zuversicht, daß der, der in euch das gute Werk angefangen hat, es auch vollenden wird bis an den Tag Jesu Christi (Phil. 1, 6).

Nun sind schon fast vier Wochen vergangen seit unserer Konferenz. Ich bin sehr dankbar, daß dieses Treffen möglich war und hoffe, daß die Anstöße, die wir dort erhalten haben, für unser persönliches Leben fruchtbar werden und auch andere Menschen davon profitieren. Gottes Ziel in unserem Leben verläuft immer in zwei Richtungen: »Ich will dich segnen und du sollst ein Segen sein!« Eine Entscheidung, das Alte zurückzulassen und Christus nachzufolgen, wird nur dann im Alltag durchzuhalten sein, wenn etwas Neues, Positives an die Stelle der früheren Lebensbereiche tritt. Nur wenn ich Gott erlaube, mich »zu einem Segen« zu machen, werde ich die Erfüllung finden, nach der ich mich sehne und für die ich geschaffen bin. Deshalb laßt uns nicht auf halbem Wege stehenbleiben!

Aus der Homosexualität herauszukommen ist nur die eine Seite der Medaille. Jesus zum bestimmenden Faktor zu machen, ist die andere Seite, ohne die nichts läuft. So wie unser früheres Leben davon bestimmt wurde, Liebe zu suchen, kann es nun davon bestimmt sein, die Liebe Gottes weiterzugeben an Menschen, die sie nötig brauchen. Oft führt Gott uns durch eine Wüste, in der wir bestimmte Dinge lernen sollen, bevor wir in die Fülle der Freiheit eintreten können. Viele sind, wie die Israeliten nach dem Auszug aus Ägypten, in dieser Wüste umgekommen. In der Wüste steht man vor ausweglosen Situationen, vor der Frage, ob ein Überleben überhaupt möglich ist.

Gott ist fern, wenigstens für unser Gefühl, und er verlangt, daß wir im Glauben, nicht im Schauen weitergehen. Das verheißene

Land scheint noch so weit entfernt. Der Druck von außen wird so intensiv. Bilder steigen vor dem geistigen Auge des müden Wanderers auf. Hatten wir nicht genug zu essen in Ägypten? Standen da nicht die Fleischtöpfe, bis an den Rand gefüllt mit guten Dingen? Und so kommt es zur Rebellion gegen Gottes Wege. Warum muß ich in dieser Wüste umherirren? Warum werden meine Bedürfnisse nicht befriedigt? Wo ist denn das verheißene Land? Wo ist Gott, der doch versprach, bei uns zu sein? Hier sind wir an einem entscheidenden Punkt unseres Lebens angelangt. Werden wir weitermachen, auch wenn es hart wird? Wenn unsere alten Freunde uns auslachen? Wenn sie uns nicht verstehen? Wenn ich auf einmal angefeindet werde, weil ich Christus konsequent nachfolgen will? Wenn es scheinbar keinen Fortschritt gibt? Wenn die Einsamkeit kommt? Hier steht jeder von uns vor der Entscheidung. Werden wir Jesus nur im Sonnenschein nachfolgen, oder auch, wenn es dunkel wird und die Gewitterwolken sich zusammenziehen? Werden wir ihn auch auf dem Weg nach Gethsemane und Golgatha begleiten?

Der Weg mit Jesus führt immer zuerst ans Kreuz. Außerhalb des Lagers wurde Jesus auf der Mülldeponie Golgatha hingerichtet. Und jenseits aller Respektabilität und alles Menschenlobes, außerhalb des Lagers fängt auch unsere Christusnachfolge erst richtig an. Solange du noch dein Leben retten willst, sagt Jesus, wirst du es mit Sicherheit verlieren. Erst wenn du bereit bist, alles dranzugeben für ihn, wirst du das Leben finden. Deshalb kommt das Kreuz vor der Krone. Deshalb führt der Weg ins gelobte Land durch die Wüste. Wir stehen ständig vor der Versuchung, aufzugeben. Von allen Seiten will der Feind uns mürbe machen. Wer sich selbst klar erkannt hat, weiß, daß er es allein nicht schafft. Aber: Gute Nachricht! Jesus selbst geht mit auf dem Weg durch die Wüste. Er hat das gute Werk in uns angefangen und wird es auch zu Ende führen. Gib nicht auf um Jesu willen! »Opfere nicht das Ewige auf dem Altar des Vergänglichen!«

Grüße aus Marburg, Roland

Benutzte Literatur

Dannecker, Martin und Reiche, Reimut: Der gewöhnliche Homosexuelle, Frankfurt 1974

Eppendorfer, Hans: »Alpträume mit Minutenlicht«, in: Sexualität konkret 1979, Seite 35–37

Johnson, Barbara: Where Does a Mother Go To Resign? Minneapolis 1979

Roberta, Gay Liberation, PTL Publication Tustin 1975

Roland, Christian: Die Jesus-Alternative, Wuppertal 1979

Sorg, Theo Hg.: Homosexualität in evangelischer Sicht, Wuppertal 1965

White, Edmund: States of Desire, New York 1980

Teil II

Auch in meinem Leben . . .

Freisein von der Homosexualität bedeutet für mich, daß Gottes Möglichkeiten zu meinen Möglichkeiten werden.

Und was er tut und redet, und wie er sich gibt, ist ein Schrei nach Hilfe, weil er niemand hat, der ihn liebt.
(Unbekannt)

Teil II

Auch in meinem Leben . . .

John

Ich setzte eine Anzeige in eine homosexuelle Zeitschrift im Jahr 1973 mit der Hoffnung, Menschen auf Christus hinzuweisen. »Einsam? Brauchst Du einen Freund? Schreib an Greg.«

Die Resonanz war minimal. Ich erhielt den Brief eines alten Mannes. »Hallo kleiner Bruder. Habe deine Anzeige gelesen. Wollte schon immer einen kleinen Bruder haben. Ich bin ein alter Mann, der allein in New York wohnt. Du wirst wahrscheinlich nicht schreiben wollen, aber für den Fall, daß du es doch willst, hier ist meine Adresse . . .« Ich schrieb. Er antwortete. John und ich begannen eine lange Korrespondenz. Dann ließ ich fast zwei Jahre verstreichen, ohne zu schreiben, weil ich soviel herumreiste. Darauf schrieb ich wieder. Er antwortete mit einer Geburtstagskarte.

»15. Februar '75. Habe gerade deinen Brief nach zweijährigem Schweigen bekommen. Ich werde schreiben, wenn ich mich wieder besser fühle. Im Augenblick freue ich mich über jede Stunde, die ich lebe. John.« John war krank, seit ich ihn kennenlernte. Er lebt allein. Er ist homosexuell, obwohl das in seinem Alter wohl keinen großen Unterschied macht. Nur seine Schwester besucht ihn von Zeit zu Zeit. Ich wünschte, ich wäre nahe genug, um ihn zu besuchen.

1. Dezember '76. Ich schickte John einen Weihnachtsgruß und meine Schrift »Von Einsamkeit zur Liebe«.

»12. Dezember '76. Lieber Greg! Ich wußte, daß der »Chef« mich von Dir hören lassen würde vor dem Geburtstag des Babys Jesus. Du hast mir Weihnachten froh gemacht. Mensch, Junge, Du hast mich so glücklich gemacht. Ich muß an mich halten. Ich atme immer Sauerstoff, aber ich freue mich so, daß es mir kaum nützt.« – Es kommt mir komisch vor, daß ein Brief oder eine Karte von mir jemandem so viel Freude bringen kann. Aber ich war auch nie alt oder wirklich allein. Ich habe Freunde. Ich frage mich, wo Johns Freunde sind, wenn er überhaupt welche hat.

»Meine Tage sind gezählt . . . Die Ärzte haben die Hoffnung aufgegeben. Ha,ha,ha, ich bin immer noch da. Vielleicht nächstes Jahr. Aber ich mußte von Dir einfach dieses Jahr hören, besonders nach dem Traktat, das du mir geschenkt hast. Gott, hat mir das geholfen! Für dich sind wir keine Monster. Ich hoffe, du hast nichts in der Hand zum Schmeißen!«

Was zum Beispiel, einen Stein? Ich werde keine Steine schmeißen, ich habe zuviel damit zu tun, die Schrift Jesu vor meinen eigenen Füßen zu lesen, um Zeit zu haben, auf andere mit dem Finger zu zeigen. Warum zieht heutzutage die Botschaft der Vergebung Gottes oft eine Lawine von Felsbrocken hinter sich?

»7. Januar '77. Greg, könntest Du eine Kasette schicken? Das würde meinem Leben wirklich helfen. Sexuelle Gedanken und Gefühle sind noch da, was in meinem Alter nutzlos und töricht ist. Ich sollte Dir diese Sachen nicht sagen, aber für mich bist Du der, der Gott am nächsten ist . . . Du verstehst . . . manche sagen, geh in die Sauna, triff Leute, leb es aus, und ich will nichts als jemanden, der versteht, daß ich weiß, daß ich nicht allein bin. Wenn Du älter als 60 bist, wollen dich verdammt wenige, es sei denn nur für Sex oder gegen Geld.«

John ist wegen seines Alters eine Beschämung für die schwule Szene. Niemand will eine alte ›Queen‹. Das schwule Leben ist nur für die Jungen und Schönen. Er paßt nicht hinein . . . Er ist auch ein von der Christenheit Ausgestoßener. Wohin kann er gehen?

»Noch einmal Greg, bitte schreibe! Bitte. Ich weiß, daß Du andere hast, aber, Gott, ich brauche Dich. Was ich tue? Ich bete. Ich kriege Angst, wenn ich nachts allein bin. Ich seh fern, das hilft nicht. Lasse Schallplatten spielen, das hilft nicht. Ich geh nicht aus. Muß 24 Stunden am Tag Sauerstoff einatmen. Aber vielleicht ist das Gottes Wille.«

21. Januar '77. Schickte John einen Brief und die Kasette mit dem Zeugnis, das Craig und ich in El Paso aufnahmen.

»3. Februar '77. Las Deinen Brief und hörte die Kasette an. Es hat mich wirklich bewegt, deshalb muß ich es noch einmal hören. Gott, wie ehrlich Deine Bekenntnisse sind und Craigs. Wie Du gesagt hast, manche Väter schämen sich, ihren Söhnen Zuneigung auszudrücken. Meiner war so. Er wurde böse auf mich, weil ich Höhe nicht vertragen konnte. Mutter gab mir Liebe, lehrte mich stricken. Als ich 15 Jahre als war, hatte ich Magengeschwüre. Sie nahmen zwei Drittel meines Magens heraus. Jetzt zwanzig Jahre Lungenschwindsucht. Ich klage niemanden an, Greg. Was ich gelitten habe, kam aus dem Bedürfnis nach Liebe und Verständnis. Der Mann, mit dem ich lebte, starb vor fünf Jahren, und mein Leben ist leer. Was Gott mir auch geben mag, ich will es tragen. Als Kind habe ich wirklich die Hölle erlebt. Ich versuchte, keinen Anstoß zu erregen, aber auf dem Weg nach Hause schnappten mich vier oder fünf Jungen und verhauten mich fürchterlich. Sie mochten mich einfach nicht. Sie nannten mich Mary.«

Es fällt mir schwer, Johns Brief zu lesen, ohne zu weinen. Seine Geschichte ist so oft wiederholt bei denen, die in Homosexualität gefangen sind. Die Ablehnung, die Schimpfnamen, die Garantie eines fast vollkommen leeren und einsamen Lebens.

Schickte John einen Brief und ermutigte ihn, Gottes Vergebung und Liebe anzunehmen.

»11. April '77. Danke für Deinen Brief. Hatte einen schlimmen Anfall, bin jetzt neun Tage im Krankenhaus. Der Mann im Bett nebenan ist 88, so daß wir nicht viel Gemeinsames haben. Du hast so viel Freude in mein Leben gebracht . . . Bitte bete besonders intensiv für mich. Vielleicht brauchte Gott mich dazu, um ihm sein Kreuz tragen zu helfen. Nun, das hab ich ziemlich miserabel gemacht. Jetzt fühle ich mich besser. Vor zwei Wochen dachte ich, ich sei ein toter Vogel. Deine Briefe helfen mir mehr als der Sauerstoff, den ich einatme. Der Mann, mit dem ich zusammenlebte, sagte: »Johnny, versprich mir, daß du nicht vor mir stirbst.« Sie holten ihn vor fünf Jahren zur Operation ab. An dem Morgen, wo er nach Hause kommen sollte, hatte er einen Herzinfarkt und war im Koma. Er kam einmal heraus, sagte ›Hallo, Johnny‹ und Schluß. Ich war der Einzige, der zu seiner Beerdigung kam. Sei glücklich Greg und bleib gesund. Wie immer, John.«

»20. Mai '77. John, freu mich, daß es Dir besser geht. Ich bete oft für Dich. Möge Gottes Frieden dich so umgeben, daß Deine Vergangenheit nicht mehr wehtut. Nimm seine Vergebung an, John. Paß auf Dich auf und streng Dich nicht mehr zu sehr an. Greg.«

»1. Juni '77. Bin in den Norden von New York gezogen, um

näher bei meiner Schwester zu sein. Warum schickt Dich Gott immer dann, wenn ich Dich am meisten brauche? Heute brauche ich Dich wirklich. Ich mache mir jetzt Sorgen, Baby, ich werde schwächer. Ich werde es leid, immer nach Luft zu ringen. Es wäre so leicht, ein paar Tabletten mehr zu nehmen und alles zu beenden. Deine Briefe sind besser als Medizin. Wenn ich nur nicht so allein wäre. Wenn ich nur jemanden zum Reden hätte. Vergiß nie, daß Du in meinen Gebeten bist. Ich liebe Dich immer. Möge Gott Dir die Kraft geben, sein Werk zu tun. Ich suchte meine Seele, doch meine Seele konnte ich nicht sehen. Ich suchte meinen Gott, aber mein Gott wich mir aus. Ich suchte meinen Freund und dann fand ich alle drei. Gott segne Dich, John.«

Was kann ich tun, Herr, wie kann ich jemanden trösten, der so allein und so weit weg ist? Es muß dort doch irgendwo Christen geben, die sich um ihn kümmern und ihn erreicht haben. Dennoch hat ihm noch nie jemand die Gute Nachricht gebracht, warum? Es scheint nicht fair zu sein. Ich bin zornig und verletzt, daß er leiden muß ohne den Beistand und Trost von Christen.

»Hallo John! Es tut mir leid, daß Du wieder krank bist. Es scheint, daß Du schon viel hast leiden müssen. Ich bete, daß Jesus Dir ganz real wird, daß er seine Arme um Dich breitet, Dir Frieden im Herzen gibt. Ich wünschte, ich wäre näher bei Dir. Weil das nicht möglich ist, vertraue ich, daß Gott Dir nahekommt. Ich habe Dich lieb, John. Bitte halt aus. Dein kleiner Bruder und Freund, Greg.«

Ich kam in Lake Tahoe nach drei Wochen Umzug von El Paso an. In der Zwischenzeit ist soviel Post angekommen, Briefe, zurückgesandte Rundbriefe, Rechnungen, noch mehr Rechnungen, eine Bitte um eine Kasette. Mein letzter Brief an John, zurückgesandt. Auf der Vorderseite große, schwarze Druckbuchstaben: Empfänger verstorben. Es ist vorbei. Nichts mehr zu sagen. Keine Briefe mehr, um ihm Gottes Liebe nahezubringen. Ich will weinen, aber ich kann nicht, weil ich nicht weiß, worüber: Trauer über den Verlust eines Freundes, oder Erleichterung, weil er von der Grausamkeit dieses Lebens befreit ist. Ich will weinen, weil er nie die tröstende Hand eines Christen gespürt hat. Weil ich weiß, daß er alleine starb, daß niemand zu seiner Beerdigung geht. Stattdessen renne ich zornig aus dem Haus und fluche der Sonne, daß sie scheint, wo es doch regnen sollte.

Aus einem Rundbrief von Pastor Greg Reid, Dallas, Texas.

Frank

Es ist keine angenehme Angelegenheit, in meine Jugend zurückzureisen, um die traumatischen Begebenheiten, die meine sexuellen Einstellungen geformt haben, wieder in Erinnerung zu rufen und zu durchleben. Bestimmte Ereignisse in meiner Kindheit müssen verantwortlich gemacht werden für sexuelle Behinderungen, die fast ein Leben lang währten. Es ist mein Ziel, den Zusammenhang zwischen scheinbar nebensächlichen, unwichtigen Ereignissen im alltäglichen Leben der Eltern und ihrer Auswirkungen auf ein Kind aufzuzeigen, das so verwundbar bei jedem Wort und jeder Handlung ist. Außerdem möchte ich meiner Überzeugung Ausdruck verleihen, daß wir, obwohl wir vielleicht geprägt und geformt sind von anderen Menschen, doch nicht letztlich eingebunden und determiniert sind. Die Überwindung der negativen Auswirkungen frühkindlicher Prägung ist, wenn auch nicht leicht, so doch möglich.

Die früheste Erinnerung meines Lebens ist, wie ich als Kind auf den Eingangsstufen unseres Hauses stand und weinte, weil mein Vater fortfuhr. Ich stand da und haßte meine Mutter, weil sie seinen Fortgang verursacht hatte. Ich fühlte Ablehnung von meinem Vater, weil er mich nicht mit sich nahm. Er kam und ging noch viele Male danach, aber ich war überzeugt, daß man seiner Liebe nicht trauen durfte, weil sie eine bedingte Liebe war, die abhängig war vom Verhalten meiner Mutter, über das ich keine Kontrolle hatte.

Weil bei uns zuhause ständig eine Kriegsatmosphäre herrschte, zog ich mich zurück. Von Zeit zu Zeit schlug ich aus, um meinem Zorn und meiner Frustration Luft zu verschaffen, aber meistens war ich irgendwo außer Sichtweite, zurückgezogen in meine eigene Phantasiewelt. Die vielleicht zweitwichtigste Erinnerung, die ich noch habe, ist der erste Tag in der Schule. Ich sollte draußen auf dem Schulhof spielen. Weil die anderen Jungen nicht mit mir gesprochen oder mich aufgefordert hatten, mitzuspielen, dachte ich, es sei ganz natürlich, mich hinzusetzen und ihnen zuzuschauen. Ich hörte, wie der Lehrer zu meiner Mutter sagte: »Ihr Kind ist anders!« Ich wußte zwar nicht genau, was er meinte, aber ich wußte, daß es nichts Gutes bedeuten konnte.

Eines Tages kam meine Feindseligkeit an die Oberfläche und ich zerstörte unseren wertvollen Eßzimmertisch, den meine Mutter über alles liebte. Mein Zorn wurde nur von dem ihren noch übertroffen, als sie sah, wie ihr gutes Stück zu Brennholz wurde.

Sie schlug mich fast tot, und rief dann meinen Vater an, der mit dem Schlagen fortfahren sollte, was er dann auch tat.

Meine Mutter lag auf dem Bett, schluchzte und schrie unkontrollierbar in ihrem Schmerz. Bald merkte mein Vater, daß sie einen Arzt brauchte und holte ihn. Später kam der Arzt durch mein Zimmer und trug in einem Handtuch eine blutige Masse fort. Ich fragte mich, was das sei, konnte es aber nicht herausbekommen. Nach einer Woche war meine Mutter wieder auf den Beinen und da bekam ich es von ihr zu hören: »Du hast dein Brüderchen umgebracht!« Immer wieder hörte ich diese Anklage, bis ich das als Tatsache annahm. Das Bewußtsein dieser Schuld lastete schwer auf mir und ich zog mich noch weiter in mich selbst zurück.

Das Leben war sehr einsam. Ich haßte mich selbst für das, was ich getan hatte. Ich hatte viele Phantasien darüber, was ich mit meinem Bruder gemacht hätte, hätte ich ihn nicht umgebracht. Dann zog eine Familie mit einem Jungen im Nachbarhaus ein und hatte die Gelegenheit, einige meiner Phantasien zur Ausführung zu bringen. Nach nicht allzu langer Zeit merkte meine Mutter, daß wir sexuellen Kontakt hatten, und die Beziehung wurde unterbunden. Sie warnte mich vor den Gefahren sexueller Experimentation. Durch diese Warnungen bekam ich meinen Aufklärungsunterricht. Ich ermutigte sie, mir all die schrecklichen Dinge zu erzählen, und sie tat es ahnungslos. Von besonderem Interesse waren für mich die Geschichten von bösen Onkels, die, wie sie erzählte, in den Stadtparks, den Untergrundbahnen und an Bahnhöfen sich aufhielten. Ich verbrachte daraufhin den größten Teil meiner freien Zeit an eben diesen Orten. Ich wünschte mir verzweifelt eine Beziehung zu meinem Vater.

Als ich dreizehn Jahre alt war, hatte ich ihn schon so gut wie ganz gegen meine Mutter beeinflußt. Ich wollte, daß er sich endgültig von ihr trennte und sich scheiden ließe und dann eine Wohnung mit mir nähme. Ich wollte dann die Rolle meiner Mutter übernehmen und die Hausarbeiten verrichten. Ich war überzeugt, daß ich ihn glücklich machen könnte. Aber als ich fast gewonnen hatte, und er ernsthaft die Scheidung in Erwägung zog, starb er plötzlich ohne Vorwarnung. So blieb ich mit meiner verstörten und feindseligen Mutter allein zurück. Ich kam in eine tiefe Depression und wollte sterben.

Die Ereignisse meines Lebens führten mich in die Homosexualität, aber ich war mir dessen noch nicht bewußt. Ich wußte wohl, daß ich irgendwie anders war, aber ich war nicht gefaßt auf die Aussage, die der Pastor unserer Kirche machte: »Frank, du bist homosexuell!« Im Innern wußte ich, daß er Recht hatte. Aber wie sehr wünschte ich mir, es wäre nicht so! Meine Identität war durch diese Aussage nun definiert und festgelegt. Bald fand ich heraus, daß dieser Pastor auch homosexuell war und Pläne für mich und meinen Körper hatte.

In der Schule wurde ich gehänselt und gequält. Ich wurde mit Namen belegt, deren Bedeutung ich nicht einmal verstand. In der Kirche jedoch fand ich Annahme. Ich kam gut mit den Mädchen und Jungen der Jugendgruppe aus. Durch ihre Vermittlung faßte ich auch Vertrauen auf Gott, und versuchte, als Christ zu leben.

Als ich achtzehn Jahre alt war, hatte ich eine Freundin und hoffte, auf dem Weg aus meiner homosexuellen Identität zu sein. Als ich sie fragte, ob sie mich heiraten würde, fand ich zu meiner Enttäuschung heraus, daß sie lesbisch war. Mein Pastor versuchte mir daraufhin klarzumachen, daß ich die männlichen Eigenschaften bei ihr anziehend gefunden hätte und deshalb die Freundschaft mit ihr eingegangen sei. Dadurch wurde die homosexuelle Rollenfestschreibung natürlich noch weiter verstärkt. Mein letzter Versuch, »normal« zu werden, war, als ein Freund mich in ein Bordell mitnahm. Ich wurde von einer hübschen jungen Frau an der Hand in ein kleines Zimmer geführt. Sie schien sehr böse zu werden, als ich nicht wußte, wie ich mich verhalten sollte. Sie beschimpfte mich und stieß mich in den Eingangsraum zurück. Ich ging von dieser Stätte fort mit dem Gefühl der Demütigung und des Versagens.

Der Kampf war vorbei. Von diesem Punkt an war ich entschlossen, das Beste aus dem, was ich war, zu machen. Der Gedanke an das vor mir liegende Abenteuer erregte mich. Als ich neunzehn Jahre alt war, war ich im Mittelpunkt des homosexuellen Lebens. Solch ein Angenommenwerden hatte ich nie gekannt. Obwohl ich sehr dünn war und nicht sehr gut aussah, brachte mir meine Jugend alle Aufmerksamkeit ein, die ich nur verkraften konnte. Ich mußte noch viel über diese Lebensweise lernen und machte einige Fehler. In der kommenden Zeit sollte es noch einige Besuche in der Klinik geben und auch Zeiten, wo ich geschlagen und ausgeraubt wurde. Ein weiterer Preis, den ich für mein Leben als Homosexueller zahlen mußte, war, daß ich in keiner anderen Kirche willkommen war als in der, wo der schon erwähnte homosexuelle Pastor arbeitete. Nach ein paar Jahren war er gestorben und ich hatte keinerlei Beziehungen zur Kirche mehr.

Mehr als zwanzig Jahre war ich aktiv homosexuell. Obwohl viel Aufregendes und Schönes in dieser Lebensweise war, besonders in den ersten Jahren, fühlte ich mich ständig leer und unerfüllt, so, als wäre ich von der eigentlichen Quelle des Lebens abgeschnitten. Als ich vierzig Jahre alt wurde, war ich mit einer großen Ablehnung von Seiten der homosexuellen Gemeinschaft konfrontiert. Ich besaß nicht mehr die Jugendlichkeit, die diese Subkultur vergöttert. Ich verlor allen Respekt vor mir selber. Ich wollte heraus. War es möglich, aus der Homosexualität herauszukommen? Ich saß an meinem Schreibtisch und dachte über alles nach, was mir widerfahren war. Ich hatte großen finanziellen Erfolg gehabt, doch bedeutete mir das nichts. Viele meiner Freunde waren tot. Einer starb, als er gerade mit jemandem im Bett war. Er hatte eine Droge in Überdosis genommen. Zwei meiner Freunde hatten sich erhängt. Es war für mich ein grausamer Gedanke, daß das Ende der Jugendlichkeit das Ende des Lebens bedeuten sollte. Andere, die ich kannte, waren in solch bizarre Sexualpraktiken hineingekommen, daß ich nur Abscheu empfand. Was einst so hell und vielversprechend ausgesehen hatte, war nun so häßlich und abstoßend geworden. Ich sagte mir: »Nur Gott kann mich hier herausholen!« Meine Gedanken gingen zurück an die Zeit, als ich noch in der Jugendgruppe der Kirche war. Damals war ich rein. Wie sehr wünschte ich, wieder rein zu sein! Ich rief zu Gott, er möge mich ändern. Gott antwortete.

Die erste Veränderung war vielleicht die, daß statt Verzweiflung Hoffnung herrschte. Ich warf sofort die Rollenbezeichnung »homosexuell« aus meinem Leben hinaus. Es gab später Zeiten, die schwierig und schmerzvoll waren, aber ich war nie mehr versucht, in mein altes Leben zurückzukehren.

Heute bin ich ein christlicher Seelsorger. Wenige Tage nach meiner Entscheidung, zu Christus zurückzukehren, begannen Leute, zu mir zu kommen und über Homosexualität zu sprechen. Manche wollten aus dem homosexuellen Leben heraus. Eltern suchten Rat, weil ihre Kinder homosexuell waren. Ich habe an mehreren Büchern mitgearbeitet und Tausende von Zuschriften bekommen. Ich versuche, alles zu tun, was in meiner Macht steht, um Menschen von der Absicht abzubringen, als Homosexuelle zu leben. Trotz der Behauptungen der homosexuellen Aktivisten ist die Homosexualität kein lohnender Lebenstil. Ich kenne aus eigener Erfahrung die Einsamkeit, Oberflächlichkeit und völlige Selbstbezogenheit dieser Lebensart. Denen, die schon darin sind, und desillusioniert und enttäuscht sind, bieten meine Mitarbeiter und ich Ermutigung und Hoffnung auf Veränderung an. Niemals verdammen wir unsere Brüder und Schwestern in der homosexuellen Subkultur oder sind intolerant gegen sie. Love In Action, wie wir unser Seelsorgezentrum nennen, ist in den letzten sieben Jahren mein Hauptbetätigungsfeld gewesen. Diese Arbeit hat mich total gefordert. Es ist die erfüllendste Phase meines Lebens, wenn es auch viele Enttäuschungen und Frustrationen gibt. Unsere Arbeit hat sich sehr ausgeweitet. Es bestehen Gruppen in verschiedenen Städten. Wir haben mehrere Häuser, in denen junge Leute, die aus der homosexuellen Szene herauskommen wollen, für einige Zeit wohnen können. Unser monatlicher Rundbrief geht an über 1500 Adressen. Persönlich arbeite ich zunehmend in der Beratung bei Eheproblemen, in Situationen, wo ein Ehepartner homosexuell ist. Was liegt vor mir? Vielleicht sind noch viele Veränderungen in meinem Leben notwendig. Viele Faktoren in meiner Kindheit und Jugend haben mich in die Homosexualität geführt. Mit viel Hilfe von oben habe ich dies überwunden. Ich bin traurig über die verschwendeten Jahre meines Lebens. Sie waren meiner heutigen Meinung nach unproduktiv. Ich habe mich auf die Seite der Kirche geschlagen, aber nicht alles, was die Kirche durch die Jahrhunderte hindurch weitergegeben hat, blindlings angenommen. Es schmerzt mich, daß das Verhalten der Kirche oft von Unfähigkeit und Intoleranz gekennzeichnet war, und sie daher heute vielerorts abgelehnt wird. Denn für mich hält sie den Schlüssel zum Leben. Es ist die Aufgabe der christlichen Gemeinde, Menschen die Botschaft der selbstlosen Liebe zu bringen, die vereint, verbindet und Vertrauen fördert. Hier möchte ich in meinem Feld beitragen. Obwohl es viel Anfechtung und Schwierigkeiten gab, kann ich jetzt ehrlicherweise sagen, daß ich eine Erfüllung gefunden habe, die ich nie für möglich hielt. Und ich halte es für ein sehr großes Vorrecht, an einer Arbeit teilzuhaben, die vielleicht zu den wichtigsten im Gebiet der Seelsorge am Ende unseres Jahrhunderts gehört.

Michael

Schon in früher Kindheit bin ich mit der Homosexualität in Berührung gekommen. Ich lebte damals mit meiner Familie in Südamerika, wo homosexuelles Verhalten mit einer gewissen südländischen Leichtigkeit als gegeben hingenommen wurde, was dazu führte, daß Homosexualität ohne große Scheu öffentlich gezeigt wurde. Einerseits waren meine Beziehungen zu Gleichaltrigen fast ausschließlich Beziehungen zu Mädchen, andererseits merkte ich zunehmend, wie erwachsene Männer sich für mich interessierten. So zum Beispiel unser Nachbar, ein verheirateter Ingenieur, der mit mir spazierenging und sich plötzlich in einer geschützten Ecke mit mir versteckte, um mich überall zu berühren und zu streicheln, woran ich immer mehr Gefallen fand.

Ich war damals acht Jahre alt. Durch das Fehlen echter Freundschaften zu andern Jungen meines Alters kam in mir keine Identifikation mit dem eigenen Geschlecht auf. Ich wollte ein Mädchen sein wie meine Schwester und meine Freundinnen. Das Leben als Junge schien mir zu ernst, zu schlicht, zu schnörkellos. Ich mochte vielmehr das Extravagante. So legte ich mir eine elegante Schrift mit vielen Schnörkeln zu. Mein Gang und meine Körperhaltung wurden feminin. Alle Ideale meiner damaligen Welt waren in der Frau konzentriert.

In unserer Stadt wurden jedes Jahr mit großem Aufwand festliche Umzüge zu Ehren der jeweiligen Schönheitskönigin durchgeführt. Ich war immer staunender Zuschauer und wollte sein wie diese Frauen. Was mich an der Frau reizte, waren aber nur diese das Auge faszinierenden Ausdrucksmöglichkeiten. Erotisch anziehend wirkte auf mich nur der Mann. Voraussetzung für mich dafür war, mich selbst im Grunde nicht als maskulin zu empfinden. All das Schlichte, Herbe, das, was selbst auszuleben mir bei weitem zu wenig faszinierend erschien, war das, was mich sexuell anzog. Um Männer wirklich attraktiv zu finden, mußte in mir zuerst ein genügend großer emotionaler Abstand zum männlichen Körper und Charakter entstehen. So muß das bei der normalen gegengeschlechtlichen Beziehung bestehende Spannungsfeld bei gleichgeschlechtlichen Partnerschaften erst geschaffen werden. Das geschieht durch die Nichtannahme der eigenen Geschlechtsrolle bei mindestens einem Partner. Geschlechtliche Anziehung ist somit letztlich immer Ausdruck sexueller Verschiedenheit.

Mit dem Beginn der Pubertät festigte sich immer mehr homosexuelle Phantasie in mir. Inzwischen war unsere Familie nach Deutschland gezogen, wo ich neue Beziehungen zu Menschen aufbauen konnte. Zwar wurde mein sexuelles Epfinden immer bewußter, aber wichtiger noch als die Sexualität waren mir meine neuen Beziehungen zu anderen, und besonders das Beobachten von Menschen. Ich wollte möglichst alles wahrnehmen, was in der Welt um mich herum geschah, und ich lernte auch besonders, mein eigenes Verhalten zu beobachten und mich in meiner Umgebung einzuordnen.

Immer wieder verglich ich mich mit anderen. Dadurch formte ich mir meine Maßstäbe. Aber dies führte mich nicht zu den anderen hin. Durch diese ständige Beobachtung der anderen erkannte ich, daß sich niemand wirklich für mich interessierte, sich niemand mit mir beschäftigen wollte. So entstand ein tiefes Mißtrauen. Meine Beobachtung machte mich einsam. Der andere Mensch wurde mir gefährlich. So geriet ich in einen Teufelskreis: Ich wurde gemieden, weil ich mit meiner negativen Grundeinstellung nicht anziehend wirkte, andererseits bewirkte gerade diese Tatsache, daß mir der Mensch immer mehr zum Feind wurde.

Aber ich gab mich nicht geschlagen und benutzte in meinen Kontakten zu Kameraden in der Schule und anderswo eine Waffe, die mir meinen Stolz und meine Ehre sicherten: Ich begann, den Selbstbewußten, Gewandten und Beliebten zu spielen, weil ich wußte, daß nur solches Verhalten zählte. Nach kurzer Zeit beherrschte ich meine Masken so, daß es niemand auffiel, was sich dahinter verbarg.

Zu der Zeit kam hinzu, daß mein Vater aufgrund einer schweren finanziellen Krise einen Selbstmordversuch machte. Die Beziehungen in unserer Familie waren äußerst gespannt. In diese Zeit fielen auch die ersten Begegnungen mit meinem späteren Freund. Wenn ich auch schon früher kurze Begegnungen mit homosexuellen Männern hatte, so war ich damals doch noch sexuell ganz unaufgeklärt. Deshalb waren meine ersten sexuellen Erlebnisse mit meinem neuen Freund auf der einen Seite Neuland für mich, auf der anderen Seite fühlte ich mich schuldig. Mein Freund, der viel älter als ich war, war für mich nicht nur der Sexualpartner, sondern er bot mir eine Freundschaft an, die auch unsere gemeinsamen Interessen wie Musik und Sport einbezog.

Da ich damals aber minderjährig war und bei meinen Eltern wohnte, war jedes Treffen ein Risiko und so lag immer etwas Verbotenes in der Atmosphäre unserer Treffen. Wegen meines Mißtrauens Menschen gegenüber konnte ich mich auch Jürgen, meinem Partner, nicht vollkommen anvertrauen. Mir fehlte die letzte Hingabe an ihn. Dennoch waren wir mehrere Jahre lang sehr eng befreundet. Trotz dieser engen Bindung an einen Menschen wurden meine Schwierigkeiten, meine Verkrampfung und Kontaktunfähigkeit in keiner Weise gelöst. Mir wurde im Lauf der Zeit zunehmend klar, daß ich Jürgen nicht wirklich lieben konnte, daß mein Interesse an ihm eigentlich nur sexuell war. Die komplizierten äußeren Umstände, unter denen meine Beziehung zu meinem Partner ablief, das Lügenmüssen vor meinen Eltern verstärkten meine Masken noch, die ich vor den anderen trug.

Dann kam die Zeit, in der meine Schwester anfing, begeistert von Jesus zu sprechen. Sie sagte, sie hätte sich bei einem christlichen Treffen »bekehrt« und lud mich immer wieder in die »Teestube« ein, den Raum, wo sich all die trafen, die mit ihr das gleiche Erlebnis teilten. Meine Schwester war wie verändert, sie bekam eine neue Ausstrahlung und eine innere Kraft, aber ich blieb diesem Geschehen gegenüber völlig gleichgültig. Alles, was mit Gott zu tun hatte, war für mich völlig unattraktiv und langweilig. Ich hatte ein Jahr vorher den Konfirmandenunterricht abgeschlossen, der für mich nichts anderes als eine Pflichtübung war. Eines Abends ließ ich mich dann von meiner Schwester überreden, in die Teestube mitzukommen. Es war ein gemütlich eingerichteter Kelleraum voller Leute, die sich alle kannten und miteinander unterhielten. Für mich waren sie alle fremd und verunsicherten mich sehr. Nach kurzer Zeit bekam ich einen Gesamteindruck von den Leuten dort, und ich sah, wieviel Freude, wieviel Glück und innere Gesundheit und Ausgeglichenheit aus ihren Gesichtern sprach.

Aber gerade das empfand ich als bedrohlich, denn ich mußte noch besser spielen, noch stärkere Masken aufsetzen, damit es nicht auffiel, wie einsam und verhärtet ich innerlich war. Ich war zu stolz, mich diesen Leuten anzuvertrauen, die all das in sich hatten, wonach ich mich so verzweifelt sehnte. Sie sprachen von Jesus und von dem, was er in ihrem Leben verändert hatte. Für mich war das alles völlig neu und Jesus, von dem sie sprachen, war für mich wie ein unbeschriebenes Blatt. Ich brauchte gar nicht viel zu hören, ich sah ihren Gesichern und ihrer Art, miteinander umzugehen, an, daß es stimmte. Je länger der Abend dauerte, um so mehr kämpfte ich mit den Tränen. Meine Masken zerbröckelten, sie hielten nicht, so stark sie auch waren. Mir war nur klar: Ich wollte das auch haben, was diese Leute in der Teestube hatten. Es war so, als klopfe es in mir. Dieses Klopfen wurde immer lauter.

Als ich abends in meinem Zimmer allein war, gab ich meinen Tränen nach. Ich wußte, es war in diesem Moment jemand da, der mich bis ins Innerste kannte und mich bis ins Innerste liebte. In dieser Nacht gab ich die Führung meines Lebens an Jesus ab. Ich gab mich zum ersten Mal in meinem Leben jemandem bedingungslos, ohne Mißtrauen, hin. Und Gott, von dem ich nun wußte, daß er lebendig ist, gab mir seine Vergebung und wusch mich rein von meiner Schuld. An dem Tag begann ich, Jesus nachzufolgen. Ich war vierzehn Jahre alt. Ich lernte andere Christen kennen und wurde immer sicherer im Umgang mit anderen, was von dem Bewußtsein, geliebt zu werden, herrührte. Mein Verhältnis zu meiner Umwelt wurde zunehmend geheilt.

Meine Beziehung zu Jürgen wurde jedoch immer fester, meine sexuelle Abhängigkeit wurde, je älter ich wurde, immer größer. Nach unseren Treffen fühlte ich mich schal, ich wußte, daß meine homosexuelle Beziehung zu Jürgen die Liebe Jesu, die in mir schon vieles neu gemacht hatte, verletzte. Nachdem ich mit Jürgen zusammentraf, spürte ich jedesmal, daß etwas in meiner Beziehung zu Jesus kaputtgegangen war. Ich wußte, das, was ich tat, war Sünde, Abkehr von Gott und verletzte die Liebe Jesu. Aber mich erwartete nach der Sünde nicht ein strafender, richtender Gott, sondern der gleiche Gott, der mich, als ich ihm mein Leben gab, bedingungslos in seine Liebe aufgenommen hatte. Dieses Festhalten Gottes an mir beschämte mich immer wieder zutiefst.

Es begann nun der Kampf gegen die Homosexualität. Leider hatte ich keinen Menschen, mit dem ich darüber sprechen konnte, denn ich fürchtete Unverständnis und Vertrauensmißbrauch. Mir wurde klar, daß Gott Menschen aufbauen will und daß es ein deutliches Merkmal der Sünde war, wenn ich innerlich zersetzt und psychisch entkräftet wurde durch die Homosexualität. Aber sie war mir zu lieb, um sie ganz aus meinem Leben, meiner Phantasie und meinen Gedanken zu lassen. Der immer wieder unterbrochene Kampf gegen die Homosexualität führte zu keinem Ziel, solange ich nicht bereit war, mich von Jürgen zu trennen. Aber allein war ich zu schwach für diesen Schritt.

Ende 1974 wurde ich zu einer christlichen Freizeit in den Südschwarzwald eingeladen. Es war eine Fastenfreizeit, die von einem Basler Theologieprofessor für interessierte Studenten veranstaltet wurde. Meine Freunde und ich waren damals zwar noch keine Studenten, aber wir waren sehr willkommen. Bis dahin hatten wir alle noch keine Erfahrungen mit dem geistlichen Fasten gemacht. Aber wir merkten bald, wie rein und klar die Atmosphäre wurde, wieviel Bereitschaft da war, in eine tiefe Beziehung mit Gott zu kommen. Es wurde über das Fasten gesprochen, wie dadurch Menschen von hartnäckigen Belastungen und Sünden befreit werden können. Auf der Freizeit war eine Seelsorgerin, die anbot, mit denjenigen zu sprechen und zu beten, die eine solche Befreiung für sich wünschten. Einige Freizeitteilnehmer, auch aus der Gruppe meiner Freunde, nahmen dies Angebot wahr und erzählten nachher voller Freude, wie sie Schuld, die sie lange festgehalten hatten, jetzt in der Seelsorge vor Gott und einem Menschen bekennen konnten und davon gelöst worden waren. Ich spürte, daß dies auch meine Chance war.

So ging ich zu ihr und erzählte ihr mein ganzes Leben. Ich sprach auch von der Schuld, die noch von vergangenen Generationen her auf meiner Familie, besonders auf meinem Vater, lastete. Schon beim Bekennen merkte ich, wie Sünde, die im Dunkel gelegen hatte, ins Licht kam. Nach dem Bekenntnis beteten wir. Die Seelsorgerin legte mir die Hände auf und ließ mich ein Gebet der Lossprechung von meiner Sünde und allen Belastungen nachsprechen. Nie zuvor habe ich einen solchen Sieg über meine Sünde, meine Homosexualität erlebt, wie damals.

Heute weiß ich, daß das in meiner Lebensgeschichte der eigentliche Durchbruch war. Das Gebet und das Gespräch mit der Seelsorgerin war die Grundlage für die wunderbare Befreiung von all dem, was mich an die Homosexualität band. In der Folgezeit erlebte ich, wie groß und mächtig Gott ist: Zwei Wochen nach dieser Freizeit bekehrte sich mein Vater zu Gott, an dem Tag, an dem er Selbstmord begehen wollte. Meine Familie wurde von dieser Zeit an neu. Mächte der Sünde waren gebrochen. Jesus wurde der Herr in unserem Haus. Jesus erfüllte immer mehr mein ganzes Denken, meine Gefühle und meine ganze Phantasie. Ihm galt meine ganze Leidenschaft und ihm gab ich meine Zeit. Nach dieser Freizeit ging ich auch sehr bald zu Jürgen und erzählte ihm, was ich erlebt hatte. In aller Sachlichkeit konnte ich ihm sagen, daß ich den Kontakt zu ihm abbrechen würde. Er akzeptierte dies und sagte mir daraufhin, daß er ein halbes Jahr später heiraten würde, obwohl davon vorher nie die Rede war. So handelt Gott. Er löst vollkommen alle Bindungen und bereitet jeden Schritt, den wir zu gehen haben, schon vor.

Einige Wochen später begann ich eine Freundschaft mit einem Mädchen. Es war für mich wunderbar, zu erleben, wie wirkliche Liebe und Zuneigung füreinander im Mittelpunkt stand, und nicht die Sexualität. Wir erlebten eine reiche Zeit miteinander, in der mich Gott immer mehr von meiner Vergangenheit reinigte. Nach einem Jahr gingen wir auseinander, weil wir unterschiedliche Entwicklungen durchmachten und ich, wie sich nachher zeigte, die Zeit des Ungebundenseins unbedingt brauchte. In der Folgezeit begann ich, zunehmend zu lernen, mit mir selber umzugehen als einer, der ganz von der Homosexualität befreit ist. Ich fand ein volles Ja zu meinem Körper und meinem Geschlecht. Natürlich kamen Krisen und Anfechtungen, die mich zermürben wollten, aber ich lebte auf der Grundlage der Befreiung. Gott hatte alles getan. Oft war es einfach eine Frage der Wahl, ob ich mich in Anfechtungen, homosexuellen Gefühlen hingeben oder mich von Gott schützen lassen wollte. Eines wollte ich auf keinen Fall: Meine homosexuellen Gefühle verdrängen und unterdrücken. Wenn ich hin und wieder auch noch solche Gefühle und Gedanken hatte, stellte ich sie fest, ohne sie zu dramatisieren. Eine gesunde Nüchternheit wurde mir zu einer starken Waffe. Mein ganzes

Leben ist jetzt ganz anders als früher. Jesus hat Wohnung in mir genommen. Er ist der Hausherr, nicht mehr die Sünde.

Klaus

Ich bin heute achtzehn Jahre alt, lebe derzeit mit meiner Familie zusammen und gehe noch zur Schule. Aufgewachsen bin ich mit meinem älteren Bruder und meiner jüngeren Schwester. Die Erinnerung, die mir an meine Kindheit blieb, war, daß kein Tag verging, an dem bei uns zuhause nicht gestritten wurde. Streitsucht beherrschte unsere Familie, einer spielte den anderen aus uns es gab kaum eine gemeinsame Aktivität, die micht in einer Schreierei endete. Mein Bruder war meist der auslösende Faktor. Er verstand es , meine Eltern, wann immer er wollte, gegeneinander auszuspielen.

Als ich mit zwölf Jahren aus gesundheitlichen Gründen nicht in der Stadt bleiben konnte, gaben mich meine Eltern in ein Schülerinternat auf dem Land. Hier kam ich auch mit der Homosexualität zum ersten Mal in Berührung. Doch führte ich diese Spielereien, zu denen ich von anderen Schülern motiviert wurde, auf meine Pubertätsphase zurück und maß ihnen keine größere Bedeutung bei. Allerdings wurde mein Interesse mit der Zeit größer, und ich begann mich immer öfter dabei zu ertappen, wie ich den Kontakt mit Jungen suchte und Gefallen daran fand.

Im letzten Jahr der Mittelstufe mußte ich, weil das Internat geschlossen wurde, zwischen zuhause und der Schule pendeln, war also auf diese Weise meist den ganzen Tag außer Haus und kam abends nach Hause. Die Situation in unserer Familie spitzte sich in dieser Zeit immer mehr zu, und da ich die vielen Auseinandersetzungen zwischen meinen Eltern und meinem Bruder nicht miterleben wollte, kam ich immer öfter spät nach Hause. Mein Heimweg führte unter anderem auch durch einem Stadtpark, der nachts ein Treffpunkt für Homosexuelle war. Da ich durch meine Internatszeit die Verbindung zu meinen früheren Freunden in der Stadt verloren hatte, suchte ich hier Kontakt mit Jugendlichen zu finden. Jugendliche fand ich allerdings keine, nur Männer, die meine Naivität ausnutzten und mich als Objekt zur Befriedigung ihres Sexualtriebes gebrauchten. Ich fühlte mich billig, wie ein Gegenstand, den man bei Gebrauch aus dem Schrank holt, ihn verwendet und nachher wieder zurückstellt. Auf diese Weise machte ich einige für mich sehr schmerzvolle Erfahrungen, die Wunden hinterließen.

Der Wunsch in mir, davon freizukommen, wurde immer größer, doch schon bald erkannte ich den Teufelskreis, in dem ich mich befand. Einerseits hatte ich nur noch das eine Ziel vor Augen, ganz davon loszukommen, doch andererseits zog es mich immer wieder auf dem Nachhauseweg dorthin. Der Stadtpark wurde für mich zu einem magischen Anziehungspunkt, dem ich immer schwerer widerstehen konnte. Wie ein Rauschgiftsüchtiger, der versucht, von seiner Drogensucht freizukommen, kam ich mir vor. Tag und Nacht begann ich, um Freiheit zu kämpfen, und mich beherrschte in dieser Zeit nur noch der eine Gedanke, ob ich es je schaffen würde, ganz frei davon zu werden. Obwohl ich diese nächtlichen Gänge in den Stadtpark aus dem Tiefsten meines Herzens verabscheute, und sie mir ein Greuel waren, folgte eine Niederlage nach der anderen, die meist schwere Depressionen zur Folge hatten. Mir wurde immer klarer, daß ich es aus eigener Kraft nicht schaffen würde.

Da ich christlich erzogen worden war, und an Gott glaubte, begann ich in ihm meine einzige Hoffnung zu sehen. Auf einer christlichen Freizeit nahm ich Jesus Christus in mein Leben auf, und war fest davon überzeugt, daß er mich sofort von meiner Homosexualität befreien würde. Als ich jedoch keine Befreiung erfuhr und feststellte, daß ich noch genauso empfand wie zuvor, überfiel mich große Traurigkeit und ich kam zu der Auffassung, daß Gott mich aus meiner Homosexualität nicht befreien wolle, aus welchem Grunde auch immer. Auf der einen Seite wollte ich Jesus ganz nachfolgen und der Sünde ganz absagen, doch war ich auf der anderen Seite wie besessen von meinem homosexuellen Empfinden, obwohl ich nicht mehr in den Stadtpark ging.

In den nächsten Monaten versuchte ich, meine Hoffnungslosigkeit zu überspielen. Ich ging sehr viel in Diskotheken, Kinos, kleidete mich sehr extravagant und versuchte zu leben, ohne nachzudenken. Wenn jedoch diese Betäubungsmittel ihre Wirkung verloren und ich aufwachte, fiel ich meistens in Depressionen, die mehrere Tage dauerten. Was ich damals nicht wußte, war, daß Gott seinen Bund mit mir nicht vergessen hatte und mir auch auf meinen Irrwegen nachging und seine schützende Hand über mich hielt. Mein Durst nach Liebe, Geborgenheit und einem sinnerfüllten Leben wurde immer größer und ich lehnte mich mehr und mehr gegen die von mir ausgehende Meinung auf, daß meine Homosexualität eine Strafe Gottes sei.

Heute weiß ich, daß es nicht die Stimme Gottes war, die mir einreden wollte, daß ich verloren sei. Der Widersacher Gottes war es, der mich von Jesus abbringen und ins Verderben reißen wollte.

Doch Jesus Christus, der sich auf Golgatha an unserer Statt kreuzigen ließ, um uns aus der Sklaverei freizukaufen, sprengt die Fesseln, mit denen der Satan mich gebunden hatte und befreite mich von dem Zwang, sündigen zu müssen. Durch die Kraft seines Blutes wusch er die Sünden weg, die wie eine Decke auf meinem Leben lagen und mein Leben verfinsterten. Erst nachher merkte ich, wie schwer die Last gewesen war, die ich bisher mit mir herumgeschleppt hatte. Während dieser Zeit schenkte Gott mir Freundschaften mit anderen Christen, die ebenfalls diese Befreiung erfahren hatten.

Das Freiwerden von der Homosexualität war für mich nicht die Sache eines Augenblicks, sondern ich begann, es als eine Aufgabe anzusehen, in die mich Gott gestellt hat. Allerdings ließ er mich nicht dabei allein. Er selbst formte mich in diesem Prozeß um und tut es heute auch noch. An mir liegt es, nicht mehr auf mich selbst, sondern auf Jesus schauend zu leben. Dadurch erlebe ich eine fortschreitende Erneuerung meines Charakters. Der Satan versucht, uns in eine Sackgasse zu treiben, um unsern Blick von Jesus weg auf unsere Schwierigkeiten zu lenken. Dadurch will er uns in die Enge treiben und uns wieder in das Netz einfangen, aus dem Jesus uns befreit hat. Dennoch konnte ich gerade durch die Zeiten der Anfechtung die Erfahrung machen, daß Jesus ganz real aus den Schwierigkeiten heraushilft. Deshalb habe ich auch die feste Zuversicht, daß Jesus sein Werk der Befreiung ganz zu Ende führen wird, wie er es für alle versprochen hat, die im Glauben zu ihm kommen.

»Ich will dem Durstigen geben aus dem Quell des Wassers des Lebens umsonst! Wer überwindet, wird solches ererben, und ich werde sein Gott sein, und er wird mein Sohn sein« (Offenbarung 21, 6–7).

Edward

Es war an einem warmen Sonntagabend im Frühsommer. Der Abendgottesdienst war gerade vorbei. Ich wollte eine junge Frau treffen, die vor kurzem Christ geworden war, eine frühere Prostituierte. Ich hoffte, sie ein wenig ermutigen zu können, auch in Schwierigkeiten durchzuhalten, weil meine eigene Vergangenheit auch ziemlich dunkel war. Wie ich noch überlegte, wie ich mit ihr ins Gespräch kommen könnte, drehte sie sich zu mir um und sagte: »Ich kenne dich.« »Woher?« fragte ich völlig verwundert. »Du würdest wahrscheinlich nicht wollen, daß ich das hier sage«, sagte sie mit einem Blick auf die Leute, die um uns herumstanden. Ich versicherte ihr, daß alle meine Freunde von meiner Vergangenheit wüßten und daß sie es ruhig offen sagen könne. Sie erzählte, daß sie mich in der größten homosexuellen Bar der Stadt gesehen hatte und fügte hinzu: »Ich dachte, du wärst eine Frau!« Meine Freunde lächelten bloß. Wahrscheinlich erinnerten sie sich an den Tag vor mehreren Jahren, an dem ich zum ersten Mal in die Kirche gekommen war. Ich war gerade eine Woche Christ und noch ziemlich unsicher, was Gott aus solchen Leuten wie mir je würde machen können. Mein langes, goldblondes Haar war gelockt, meine Stimme war hoch und mädchenhaft und mein Gesicht war zart, weich und sehr feminin.

Den Pfad, den ich nach meiner Entscheidung, Christ zu werden, ging, hatte Gott allein vorzeichnen können. Oft stolperte ich, begann sogar, umzukehren. Aber Jesus war immer da und gab mir Ermutigung und Hoffnung, bot mir die ganze Realität der neuen Schöpfung an.

Ihm zu begegnen machte mich nicht automatisch heterosexuell. Obwohl ich aufhörte, zu rauchen, vorher hatte ich wie ein Schlot gequalmt, und jegliches Bedürfnis nach Alkohol verlor, blieb mein Interesse an Männern so stark wie je zuvor. Aber ich wollte, daß Gottes Herrschaft in meinem Leben realisiert würde und beschloß daher, nie mehr diesen Versuchungen nachzugeben. Und ich glaubte, daß ich jetzt zu einem Leben des Ledigseins verdammt sei.

Mein Selbstbild war das erste Gebiet, in dem Gott an mir arbeitete. Einige Wochen, nachdem ich mein Leben Jesus übereignete, entwickelte ich ein starkes Verlangen, alle Spuren meiner Vergangenheit hinter mir zu lassen. Ich hatte schon meine pornographischen Schriften verbrannt und meinen Schmuck und weibliche Kleidung weggegeben. Aber ich hatte immer noch mein schönes langes Haar und meine besondere Art, zu gehen. Der Teufel verlor eine weitere Schlacht beim Friseur. Ich ließ lediglich mein Haar schneiden, aber die Veränderung war erstaunlich. Ein Freund, dem ich auf dem Weg zum Friseur begegnet war, ging direkt hinterher an mir vorbei, ohne mich überhaupt zu erkennen. Ich bin nur 152 cm groß und falle deshalb normalerweise überall auf. Er ging direkt an mir vorbei.

Meine Art, zu gehen und mich zu bewegen, war etwas, was ich unbewußt durch mein jahrelanges Leben in der Subkultur angenommen hatte. Ich ließ sie ohne größere Schwierigkeiten fallen. Meine zarten Arme wurden allmählich etwas stärker durch Arbeit und Sport, beides Dinge, die ich in meinem früheren Leben vermieden hatte, weil ich sie als typisch männliche Dinge ansah, und ich mit Entschlossenheit Femininität kultivierte.

Ich wurde gebeten, Teil einer christlichen Familie zu werden und längere Zeit als Adoptivsohn bei ihnen mitzuleben. Das half mir auch sehr dabei, eine neue Einstellung zu mir als Mann zu gewinnen. Mein neuer »Vater« behandelte mich wirklich wie einen Sohn. Er lehrte mich, wie man Dinge tat, die ich allein nie versucht hätte, zum Beispiel Abflußrohre reparieren oder ein Feuer anmachen, männliche Arbeiten meiner Meinung nach, die ich vermieden hatte, als ich aufwuchs. Mein Selbstvertrauen wuchs in dem Maße, wie ich die weibliche Rolle ablegte und eine männliche Identität annahm.

Das nächste Gebiet, an dem Gott bei mir arbeitete, war meine Art, Menschen anzuschauen. Jedesmal, wenn ich einem Mann begegnete, betrachtete ich ihn von oben bis unten. Es war, als wolle ich ein Paket taxieren, das ich mit nach Hause nehmen wollte. Gott wollte das aus meinem Leben herausbringen. Der erste Schritt dazu war, daß ich im College ein Zimmer mit Robert teilen mußte. Robert rannte oft im Zimmer bloß mit seiner Unterwäsche bekleidet herum. Als ich ihn bat, mit Rücksicht auf mein »Problem« das zu unterlassen, war seine Antwort unbarmherzig. »Wenn du dieses Problem unter den Teppich kehrst, weichst du ihm nur aus, anstatt es anzugehen!« Dies war eine bittere Pille. Robert erklärte, es sei natürlich, wenn ein Mann den anderen anschaut und auch, wenn er seinen Körperbau bemerkt und bewundert. Aber das Schauen müsse dort aufhören. Wenn keine sexuelle Gedanken oder Erregung dabeiseien, sei Sünde nicht ins Bild gekommen. Ich begann zu lernen. Der zweite Schritt kam, als ich in die Bibelschule ging. Mein erster Zimmergenosse war ein 185 cm großer Cowboy aus Texas, der genau wie ein Stricher aussah. »Warum muß mir das passieren?« dachte ich. In seiner freien Zeit arbeitete er daran, braun zu werden und wählte mich dazu aus, zu beurteilen, ob er Fortschritte machte oder nicht. Jeden Abend, bevor wir zu Bett gingen, zog er seine Unterhose ein Stück herunter und bat mich, den gebräunten mit dem ungebräunten Teil zu vergleichen. Heute kann ich darüber lachen, damals war ich so weit, aus diesem Grund die Bibelschulausbildung aufzugeben.

Der dritte Schritt war ein anderer Zimmergenosse auf dem College, ein Casanovatyp. Nachdem ich eine schreckliche Zeit der Versuchungen durchmachte und dachte, daß ich nie weiterkäme, sagte dieser Zimmergenosse etwas, was mich wirklich erreichte.

»Hör zu. Ich weiß, dies klingt vielleicht verrückt, aber ich möchte, daß du verstehst, daß es gar nicht so schlimm mit dir steht, wie du meinst. Du verdammst dich selbst, aber ich bin tatsächlich erstaunt, wie gut du zurechtkommst. Wenn ich auf dem Mädchenflur wohnen würde, hätte ich schon längst meinen kühlen Kopf verloren. Deine vergangene Sünde ist täglich direkt vor deinen Augen, und heute ist das erste Mal, wo ich bemerke, daß du richtige Schwierigkeiten damit hast. Schau es doch einmal von dieser Seite an.«

Es stimmte. Einer, der von Drogen losgekommen ist, wird nicht jeden Tag mit Drogen konfrontiert. Auch ein geheilter Alkoholiker wird nicht dauernd mit Alkohol konfrontiert. Ein heterosexueller Christ wird auch nicht mit Frauen in Unterkleidung auf ein Zimmer gesteckt. Aber als früherer Homosexueller, der im Begriff war, sein Problem zu bewältigen, war ich in unserer Collegesituation auf einem ständigen Schlachtfeld. Die Lösung war einfach. Ich hörte auf, mich selbst zu verdammen und auszuflippen und nahm meine Augen weg von dem Problem und richtete sie wieder auf Jesus.

Gottes Wort verspricht Leben, und zwar im Überfluß. Wie überfließend und erfüllt wäre mein Leben als Christ gewesen, wäre ich weiterhin durch die unnatürliche Furcht oder Beschäftigung mit dem männlichen Körper gebunden geblieben?

Ich war nun frei, mit meinen Brüdern in Christus Gemeinschaft zu haben, ohne von den Gedankenmustern meines alten Lebens abgelenkt zu werden. Als diese Frage geklärt war, fing Gott an, in einem anderen Gebiet an mir zu arbeiten, nämlich in dem der Beziehungen zu diesen Brüdern. Die Bibel fordert uns auf, dem Bösen zu widerstehen, und deshalb mied ich enge Freundschaften mit gutaussehenden Männern. Und wenn sie zu der Sorte von Christen gehörte, die einander oft umarmten, so vermied ich den Umgang mit ihnen um so eifriger. Ich verwechselte die Liebe, die sich in Freundschaften, die in Christus ihre Mitte haben, entwikkelt, mit der Begehrlichkeit der Welt, weil ich nur diese Art Liebe kannte. Ich wußte nicht, daß es möglich war, einen Mann in einer reinen Art und Weise zu lieben und eine enge Freundschaftsbeziehung zu ihm zu haben, die in Gott ihr Zentrum hatte. Ich hatte große Angst davor, mich zu verlieben, weil ich meine Anfälligkeit bei Männern, die ein wirkliches Interesse an mir bekundeten, kannte. Etwas mußte sich ändern. Eine Bekannte, die eine Beratungsstelle für Homosexuelle hat, Robbi Kenney, machte es mir in einem Brief deutlich: »Alle Menschen haben ein Bedürfnis nach liebevollem Umgang miteinander, besonders Menschen, die früher homosexuell waren. Sollten wir nicht einfach liebevoll miteinander umgehen, selbst auf das Risiko hin, uns in jemanden zu verlieben? Zwänge uns das nicht gerade dazu, mit unseren Emotionen fertig zu werden?«

So ließ ich die Mauer fallen, die ich aufgebaut hatte und öffnete mich für Freundschaften mit anderen Männern. Es war schwierig. Ich hatte Angst, daß die reine, christusbezogene Liebe, die ich fühlte, abrutschen könnte in Begehrlichkeit und Verliebtheit.

Dann geschah das Schlimmste, das ich mir vorstellen konnte. Trotz aller guten Vorsätze verliebte ich mich. Ich war nun drei Jahre aus der homosexuellen Subkultur heraus, und nun kämpfte ich mit Gefühlen, von denen ich wußte, daß sie mir nur Schwierigkeiten bringen würden. Anstatt zu versuchen, meine Gefühle auszusortieren und einzuordnen, zog ich mich von dieser Beziehung zurück, entschlossen, nicht zu »sündigen«.

Ich rechtfertigte dies, indem ich an die Bibelstelle dachte, wo es heißt, daß der Christ sich nicht wieder in ein Joch der Knechtschaft spannen lassen soll. Ich versuchte, von dieser Freundschaft abzurücken. Mir fiel aber der erste Teil des Verses ein, der lautet: »Für die Freiheit hat euch Christus befreit, so stehet nun fest!« Gott zeigte mir, daß es falsch war, fortzurennen. Er wollte nicht, daß ich in Sünde gebunden bin, aber er will auch nicht, daß ich durch Furcht gebunden bin. Die Siege, die ich schon gewonnen hatte, wurden fast wieder verloren. Ich ging zu meinem Freund und bekannte, daß ich Schwierigkeiten hatte. Er betete mit mir und irgendwie schaffte ich es, durchzukommen. Meine Gefühle kamen wieder in Ordnung und das Problem ist nicht wieder aufgetaucht.

In der letzten Zeit hat Gott mir ein Gebiet eröffnet, von dem ich dachte, daß es für mich für immer verschlossen bleiben würde. Im letzten Frühjahr verliebte ich mich zum ersten Mal in meinem Leben in ein Mädchen. Mit 25 Jahren benahm ich mich wie ein Fünfzehnjähriger bei seiner ersten Liebe. Wie viele andere, die aus der Homosexualität herausgekommen sind, glaubte ich, daß ich mich nie körperlich zu einer Frau hingezogen fühlen würde. Ich hatte angenommen, daß ich wohl einmal eine Frau, die ich als Christ lieben würde, heiraten könnte, und daß wir uns beim sexuellen Teil unserer Ehe durchkämpfen und »durchbeten« würden.

Gott mußte meine Ängste und Haltungen in bezug auf Frauen verändern. Indem ich die Homosexualität hinter mir ließ und enthaltsam lebte, gab ich Christus Zeit, an meinen Einstellungen und Abwehrmechanismen zu arbeiten, von denen ich nicht einmal wußte, daß sie in meinem Leben bestimmend da waren. Wenn ich Gottes Plan für die Liebe und Ehe bedenke, freue ich mich schon auf die Zeit, wo ich heiraten werde. Liebe und Sexualität, wie sie der Schöpfer entworfen und angelegt hat, gehören zu den schönsten Segnungen im Leben.

Seelsorgeadressen:

Arbeitskreis für Biblische Seelsorge
Schloß Reichenberg
D-6101 Reichelsheim/Odenwald

Die Alternative
Roland Werner
Postfach 2345
D-3550 Marburg

Eagle Ministry
Greg R. Reid
Box 3557
Arlington, Texas 76010
USA

Evangelische Hulp aan Homofielen
Johan van der Sluis
Willemsstraat 33
Amsterdam
Holland

Love In Action
Frank Worthen
Box 2655
San Rafael, California 94902
USA

Outpost
Robbi Kenney
Box 4222
Minneapolis, Minnesota 55414
USA

Teil III

Gottes Weisungen – Hilfen zum Leben

Sie steuern ihr Schiff nach der Fahne am Bug
und keiner merkt den Betrug
(Jürgen Werth)

Wie wird ein junger Mann seinen Weg unsträflich gehen?
Wenn er sich hält nach deinen Worten.
(Psalm 119)

TEIL III

Gottes Weisungen – Hilfen zum Leben

Dr. Helmuth Egelkraut:

»Die Bibel und Homosexuelle«

Der Titel dieses Kapitels ist nicht von mir formuliert. Er entstammt einem Flugblatt, mit dem die Arbeitsgruppe »Homosexuelle und Kirche« an die Öffentlichkeit tritt. Darin wird grundsätzlich die Ansicht vertreten, daß die Bibel nicht gegen homosexuelles Verhalten spricht.

Seit vielen Jahren wird in Theologie und Kirche in der Stille das Gespräch um die rechte Einschätzung der Homosexualität geführt. Jetzt drängt die Debatte auf Kirchentagen, in Flugblättern und Zeitschriften und über andere Medien an die Öffentlichkeit. Und da, wie es heißt, die Bibel die Homosexualität nicht verbietet, sollten auch Personen, die sich öffentlich zu ihrer homosexuellen Orientierung oder Praxis bekennen, zu allen kirchlichen Diensten zugelassen werden.

Damit ist bei uns eine Diskussion aufgelebt, die jenseits des Atlantik schon über ein Jahrzehnt geführt wird und Kirchen zu zerbrechen droht. Nach dem Ausgang der sechziger Jahre eine Pfingstkirche dem sich öffentlich zu seiner Homosexualität bekennenden Troy Perry die Ordination verweigert hatte, ordinierte 1972 die United Church of Christ bewußt den ersten homosexuellen Pfarrer. Die anglikanische Kirche folgte 1977 (siehe New York Times vom 24. 1. 1977). Troy Perry hatte nach der verweigerten

Ordination 1968 in Los Angeles die erste gezielt homosexuelle Gemeinde gegründet. Aus ihr wurde im Laufe der Jahre die Universal Fellowship of Metropolitan Community Churches, eine Denomination, die vor allem Homosexuelle beiderlei Geschlechts einlädt, heute in vielen größeren Städten Gemeinden hat, theologisch konservativ, hoch liturgisch und ökumenisch ausgerichtet ist und besonders die Freude des Evangeliums betont.

Im Rahmen der Bürgerrechtsbewegung bildeten sich in vielen Kirchen Interessengruppen zur Wahrung bzw. Durchsetzung der Rechte der Homosexuellen. Als in der Vereinigten Presbyterianischen Kirche ein überzeugter Homosexueller die Ordination beantragte, bat die Provinzialsynode von New York um Rat. Daraufhin wurde eine Arbeitsgruppe mit der detaillierten Untersuchung der Frage beauftragt. Der Bericht lag als das sog. Blue Book 1978 der Gemeindesynode vor.

Überschaut man die sich um die ganze Auseinandersetzung rankende Literatur, so fällt auf, daß dort wie hier die Homosexuellen mit der Bibel in der Hand auftreten und erklären: »Auch homosexuelle Freundschaften erfüllen den Willen Gottes« (»Evangelische Kommentare« 1980, S. 357 f.). Diese Position wird nicht nur von modernistischen Gruppen vertreten, auch theologisch stark konservative Zusammenschlüsse, etwa »Evangelicals Concerned«, machen sie sich zu eigen und kämpfen dafür.

Hat die Kirche all die Jahrhunderte die Bibel falsch gelesen, wenn man meinte, die Bibel würde weder im Alten noch im Neuen Testament die Homosexualität billigen? Ist man durch weiterführende Forschung, sei sie sprachwissenschaftlicher, sei sie archäologischer Art, auf neue Erkenntnisse gestoßen, die die bisherige Meinung veraltet und unhaltbar machen?

Da die Bibel in überschaubarer Stellenzahl zur homosexuellen Praxis spricht, sollen diese Stellen nachfolgend und unter Berücksichtigung der entsprechenden Einwände besprochen werden. Wenden wir uns zunächst dem Alten Testament zu.

I. Das Alte Testament

Gottesrecht

Es empfiehlt sich bei den Stellen einzusetzen, die am deutlichsten zu der anstehenden Frage sprechen. So heißt es 3. Mose 18, 22: *»Du sollst nicht bei einem Mann liegen wie bei einer Frau; es ist dem Herrn ein Greuel.«*

Das wird verschärft in 3. Mose 20, 13:
»Wenn jemand bei einem Manne liegt wie bei einer Frau, so haben sie getan, was ein Greuel ist, und sollen beide des Todes sterben.« Zusammen mit anderen, die Geschlechtlichkeit betreffenden Ordnungen finden sich diese Verbote der Homosexualität im sogenannten Heiligkeitsgesetz, 3. Mose, Kapitel 17–26. Der Name »Heiligkeitsgesetz« kommt daher, daß sich in Israels Lebensvollzug Gottes Heiligkeit durchsetzen will. So heißt es in Kapitel 19, 2: *»Ihr sollt heilig sein, denn ich bin heilig, der Herr, euer Gott.«* Innerhalb der Gesetze wird zur Begründung immer wieder die Formel wiederholt: *»Denn ich bin der Herr!«* Gott setzt in Israel seine Herrschaft durch, indem er das Leben des Volkes bis in den Intimbereich hinein ordnet.

Die uns besonders interessierenden Ordnungen zählen dabei zu den sogenannten apodiktischen Gesetzen; ihnen fehlt jede weitere Begründung. Es heißt lediglich »Du sollst nicht . . .« Oder die Ordnung wird durch die Tötungsbestimmung intensiviert, die eigentlich zu übersetzen ist: »Wer das tut . . . soll auf jeden Fall getötet werden.« Ein Kenner der altorientalischen Rechtswelt erklärt, daß sie nicht nur in die älteste Zeit zurückreichen, sondern daß es zu dieser Form keine Parallele im Alten Orient gibt.

Hier erfuhr Israel in der knappen Konzentration auf das Wesentliche Gottes Willen. Hier begegnet qualifiziertes Gottesrecht. Und den durch »diese Rechtssätze abgesteckten Lebensraum erkannte Israel als den ihm von Jahwe gewährten Lebensraum«. Es waren Grenzbestimmungen, die man nicht überschreiten darf, ohne sich selbst zu zerstören (H. J. Boecker, Recht und Gesetz im Alten Testament und im Alten Orient, 1977).

Einwand: Kultprostitution

Das klingt zunächst alles überzeugend. Doch die Einwände, die gegen dieses »klare Verbot gleichgeschlechtlicher Beziehungen« (so S. Meurer, »Das Problem der Homosexualität in theologischer Sicht«, Zeitschrift für evang. Ethik, 1974, Seite 38–48) vorgebracht werden, sind beträchtlich. Im wesentlichen konzentrieren sie sich darauf, daß das Verbot nicht auf homosexuelle Praktiken und Partnerschaft an sich abziele, das sei in Israel wie überall im Alten Orient gängig und gebilligt gewesen; es gehe lediglich um die sogenannte kultische Prostitution. Die kanaanäischen Tempel waren den Baalen und Astarten geweiht; beides waren Fruchtbarkeitsgottheiten. Deshalb fand in ihnen weibliche und männliche Prostitution statt. Junge Frauen gaben sich im heiligen Bezirk fremden Männern preis. Der Gottheit wurde die Jungfrauschaft geopfert und dafür Fruchtbarkeit erwartet. Israel war durch diese Prostitution besonders in Gefahr, zu den heidnischen Gottesdiensten und der Abgötterei gezogen zu werden. Am Anfang von 3. Mose 18 wird ja noch besonders auf die Heiden Bezug genommen. So werde also nicht die Homosexualität, sondern die Form, in der sie in den Tempeln betrieben wurde, abgelehnt. Soweit der Einwand.

Zunächst muß einmal geklärt werden, ob tatsächlich in den heidnischen Kulten neben der klar bezeugten weiblichen Prostitution auch homosexuelle männliche Prostitution ausgeübt wurde. Um das zu belegen, beruft man sich auch gerne auf die Bibel. So liest man 1. Könige 14, 24:
»Es waren auch Tempelhurer im Lande, und die taten alle Greuel der Heiden, die der Herr vor Israel vertrieben hatte.«
Dazu heißt es 2. Könige 23, 7 von Josia:
»Und er brach die Häuser der Tempelhurer ab, die an dem Hause des Herrn waren, in denen die Frauen Gewänder für die Aschera wirkten.«
Spricht das nicht dafür, daß sogar in Jerusalem zur Zeit des Glaubensniedergangs männliche, gleichgeschlechtliche Prostituierte im Tempel waren? Das hebräische Wort für die weibliche Prostituierte ist *»kadeschah«*. Wo die deutsche Bibel »Tempelhurer« schreibt, steht im Hebräischen *»kadesch«*, die männliche Form also. *Kadesch* heißt eigentlich »heilig«. Wie kann eine Tempelprostituierte eine »Heilige« genannt werden? Sie war der Fruchtbarkeitsgöttin geweiht und war, wenn sie länger im Tempel diente, u. U. eine Priesterin. Eigentlich müßte man also *kadeschah* nicht »Hure«, sondern »Geweihte« übersetzen. Da sie sich aber der Göttin durch Prostitution weihte, hat das Wort in diesem Zusammenhang bei den Propheten den Sinn »Hure« angenommen.

Läßt sich nun aus dem im Blick auf die Frauen zweifelsfrei belegten Tatbestand auch schließen, daß der männliche »Geweihte«, der »kadesch« ein homosexueller Tempelprostituierter war? Viele Ausleger nahmen das bislang einfach an. Bei näherem Zusehen stellt sich aber heraus, daß sich das weder von der vergleichenden Sprachwissenschaft noch von der Religionswissenschaft her belegen läßt. Wo das Wort z. B. im Ugaritischen, einer altkanaanäischen Sprache, vorkommt, bezeichnet es zwar einen Tempeldiener bzw. einen Priester, dem aber keinerlei sexuelle Funktion im obigen Sinne zukommt. Die griechische Übersetzung benutzt in den entsprechenden alttestamentlichen

Stellen gerade nicht die entsprechenden homosexuellen Ausdrücke, die ja vorhanden waren. In babylonischen Tempeln waren die *kadeschen* entmannte Eunuchen. Aber ihre Funktion war gerade nicht im sexuellen Bereich des Kultes. Sie nahmen als sexlose mythische Wesen verkleidet an Prozessionen teil. Letztlich aber fragt man sich, welche Rolle eine homosexuelle Prostitution in Fruchtbarkeitskulten hätte spielen können. Fruchtbarkeit, Zeugen und Gebären waren ja die wesentlichsten Aspekte dieser Religion. So kann ein neuerer Forscher folgern: »Homosexualität in Fruchtbarkeitskulten ist geradezu absurd« (D. Williams, Will Homosexuality Split the Church?). Und ein anderer, Bailey, der Homosexualität von der Bibel her rechtfertigen will, muß am Ende zugeben: »Gleichgeschlechtlicher Koitus wäre in einem Fruchtbarkeitsritus geradezu sinnlos. Und es gibt keinerlei überzeugende Hinweise dafür, daß es in diesem Zusammenhang je praktiziert wurde.«

Dem widerspricht auch nicht, was man in 5. Mose 23, 18 f. liest: *»Es soll keine Tempeldirne (kadeschah) sein unter den Töchtern Israel und kein Tempelhurer (kadesch) unter den Söhnen Israel. Du sollst keinen Hurenlohn noch Hundegeld in das Haus des Herrn deines Gottes bringen.«*
Die Übersetzung »Tempelhurer« ist wie oben ausgeführt nicht haltbar. Es handelt sich um einen heidnischen Tempeldiener. Während nun das Wort »Hurenlohn« vom hebräischen Stamm her die sexuelle Prostituion noch unterstreicht, ist das »Hundegeld« der Lohn dessen, der einer bösen Sache dient, besonders eines heidnischen Götzendieners.

Dieser religionsgeschichtliche Überblick erweist die Auslegung, die man von homosexueller Seite aus gerne den Aussagen im 3. Mosebuch geben möchte, als unhaltbar. Das Heiligkeitsgesetz spricht von der Homosexualität an sich. Wie ja auch die Propheten nicht etwa nur gegen die kultische Prostitution angingen. Sondern sie sprachen jeder außerehelichen Geschlechtshingabe in Israel die theologische Legitimation ab. (Theol. Wörterbuch zum N. T. Bd. VI, S. 585).

Nun muß aber der Blick noch etwas weiter schweifen. Oft wird verallgemeinernd gesagt, im Alten Orient, in Israels Umwelt, sei Homosexualität weit verbreitet gewesen; damit sei sie auch unanstößig gewesen. Dazu muß zunächst festgestellt werden, daß wir über homosexuelle Praktiken dieser Zeit sehr wenig wissen. So kann man natürlich um so mehr in an sich schon zweifelhafte Andeutungen hineinlegen. Klare Texte deuten freilich in eine andere Richtung. In Ägypten war es eine äußerste Demütigung für einen Mann, gleichgeschlechtlich (miß)braucht zu werden (vgl. Simpson, Hg., The Literature of Ancient Egypt, o. J). Aus dem Zweistromland ist uns aus dem ausgehenden 2. Jahrtausend (etwa zwischen der Zeit Moses und Davids) folgender Gesetzestext überliefert:

§ 15: Wenn ein Mann einen Mann erwischt, der bei seiner Frau liegt, . . . sollen beide getötet werden . . . oder er soll entmannt und sein Gesicht verstümmelt werden.

§ 16: Wenn ein Mann mit seinem männlichen Freund schläft, . . . soll ihm gleiches widerfahren . . . oder man soll ihn entmannen.

(Vgl. H. W. F. Saggs, The Greatness that was Babylon, Ancient Civilization of the Tigris and Euphrates Valley, 1968).

Das Gesetz spricht für sich selbst. Sicher gab es in den Israel umgebenden Ländern Homosexualität. Aber gebilligt wurde diese Praxis nicht einmal im Heidenland. Zu einem ähnlichen Schluß kommt – wenn sicher auch widerwillig – Bailey. Er schließt: »Das Wenige, das wir wissen, widerspricht der Ansicht, als wären (in Ägypten, Assyrien, Babylonien und im Hethiterreich) homosexuelle Praktiken kritiklos akzeptiert worden.«

Schöpfung oder Chaos

Wir müssen zum 3. Buch Mose zurück. Dieser weite Umweg in die Religionsgeschichte wurde uns durch die homosexuelle Seite aufgezwungen. Wer dieses weite Umfeld im Blick hat, kann nicht mehr sagen, die Bibel wende sich hier nur gegen heidnische kultische Homosexualität. Selbst Bailey, der oben schon erwähnt wurde, muß – wenn auch widerwillig – eingestehen, daß es um normale gleichgeschlechtliche Beziehungen zwischen Erwachsenen geht, denen das göttliche Nein entgegenschallt.

Böse waren sie nicht etwa einfach, weil sie mit dem Heidentum verbunden gewesen wären, sondern weil sie die von Gott mit der Schöpfung gegebene Ordnung der Geschlechtlichkeit auflösen, die Mann und Frau zueinander führt. Damit wird in der Schöpfung das Chaos eingeführt, das sie verdirbt. Das ist Geist des Heidentums. Um, biblisch gesprochen, Gottes Schöpfung zu wahren und dem Chaos zu wehren, heißt es, idiomatisch übersetzt, »Mann und Mann sollen sich nicht geschlechtlich vereinigen, denn ich bin der Herr«.

Wo es dennoch geschah, auch wenn beide Männer erwachsen waren und von sich aus einwilligten, war es ein todeswürdiges

Vergehen, denn das Land wurde entheiligt, d. h. der bewahrenden Herrschaft Gottes entzogen. Greuel wurde diese Tat nicht, weil sie mit dem Götzenkult verbunden war, genannt, sondern weil sie mit dem Wesen Jahwes unvereinbar war und die Volksgemeinschaft gefährdete.

Nun müssen wir uns noch einem zweiten Bereich zuwenden, in dem im Alten Testament die gleichgeschlechtliche Gemeinschaft erwähnt wird: Dem Untergang Sodoms und dem ähnlich strukturierten Verbrechen in Gibea (s. dazu 1. Mose 19 und Richt. 19).

Was war Sodoms Sünde?

Es ist wiederum wichtig, den Gesamtzusammenhang zu sehen. Der ganze Bericht vom Untergang Sodoms ist nach der Form eines Gerichtsverfahrens aufgebaut. Schon 1. Mose 13, 13 klingt das Verderben der Städte an:
»Die Leute zu Sodom waren böse und sündigten sehr wider den Herrn.«
Das eigentliche Rechtsverfahren wird mit der Einkehr Gottes bei Abraham eröffnet (1. Mose 18, 20). Schwere (An)klage gegen die Städte ist vor Gott gekommen. Die Boten Gottes begeben sich nach Sodom, um sich zu überzeugen, ob die Anklage berechtigt ist. Lot nimmt sie für die Nacht in sein Haus auf. Die Ereignisse der Nacht beweisen, daß die (An)klage zu Recht bestand. Die Sünde Sodoms ist erwiesen; das Ermittlungsverfahren wird abgeschlossen. Die Vorbereitungen zum Strafvollzug beginnen (vgl. G.v. Rad, Das 1. Buch Mose, 1976).

Worin bestand die Sünde Sodoms? Unter dem deutschen Wort Sodomie versteht man geschlechtlichen Umgang mit Tieren. Das ist hier gar nicht angesprochen. Das ist ein unglücklicher Wortgebrauch.

Nach 1. Mose 19, 4 belagert die ganze männliche Bevölkerung der Stadt Lots Haus und fordert:
»Wo sind die Männer, die zu dir gekommen sind? Führe sie heraus zu uns, daß wir uns über sie hermachen.«
Das die eigentliche Absicht umschreibende »Daß wir uns über sie hermachen« ist eine freie Übersetzung. Im Hebräischen steht hier: »daß wir sie kennen werden«. Das Verb lautet *»jada«;* das bedeutet »wissen«, »kennen«. Hier knüpfen nun neuere, homosexuell orientierte Auslegungen an und argumentieren, daß es der männlichen Bevölkerung Sodoms nur darum ging, die Gäste Lots kennenzulernen, um sicher zu sein, daß er nicht feindlich gesinnte Fremde aufgenommen hat. Lot war ja selbst Fremdling in der

Stadt. Mit der »ungemeldeten« Aufnahme Fremder hatte er sein Gastrecht überzogen.

Natürlich kann *»jada«* einfach wissen, kennenlernen heißen. Aber es ist vor allem in 1. Mose auch eine euphemistische Umschreibung für Geschlechtsgemeinschaft. So etwa:

»Adam erkannte seine Frau Eva, und sie ward schwanger« (1. Mose 4, 1).

»Kain erkannte sein Weib; die ward schwanger« (1. Mose 4, 17).

Lot sagt von seinen Töchtern:

»Die wissen noch von keinem Manne« (1. Mose 18, 8).

Hier steht immer *»jada«*.

Zudem fragt man sich aber, warum Lot sich schützend vor seine Gäste stellt, wenn es sich nur um einen harmlosen Bekanntschaftsbesuch handelt. Und wenn die Sodomiten keinerlei böse Absichten hatten, wie kann er sagen: »Liebe Brüder, tut nicht so übel« (Vs. 7). Und schließlich hätte sich dann Lot total im Ton vergriffen, wenn er, um seine Gäste zu schützen, den um das Haus tobenden Männern seine beiden jungfräulichen Töchter anbietet – beleidigend war das geradezu. Kannte er seine Mitbürger so schlecht? Also, um einen harmlosen Bekanntschaftsbesuch im Auftrag des Einwohnermeldeamtes kann es sich nicht gerade gehandelt haben.

Auch wenn gleichgeschlechtliche Bibelleser das z. T. zugestehen, wenden sie doch sogleich ein: Das Verbrechen war nicht das homosexuelle Begehren an sich. Das war erlaubt (siehe oben). Schlimm war die versuchte Gruppenvergewaltigung.

Nun steht nicht direkt etwas von Vergewaltigung da. Aber lassen wir es einmal dabei. Doch der mit dem Heiligkeitsgesetz bekannte Israelit, und nicht nur er, sondern auch die nichtisraelische Umwelt, hätte in der Vergewaltigung nur noch die Überhöhung eines Vergehens sehen können, das an sich schon unter dem Urteil Gottes stand. Aber noch einmal zu Lot. Dadurch, daß er seine Töchter anbietet, kann er zwar nicht den Akt der Vergewaltigung verhindern, aber er versucht wenigstens die göttliche Ordnung der Geschlechtsgemeinschaft zwischen Mann und Frau irgendwie zu retten und so auch die Gäste zu schützen, auch wenn es dabei zu Gruppenvergewaltigungen kommt. Glücklich greift er das alles dennoch nicht an.

Später werden im Alten Testament mit Sodom auch noch andere Sünden verbunden: Verwilderung der Rechtsprechung (Jes. 3, 9), Ehebruch, Bosheit und Unbußfertigkeit (Jer. 23, 14), Hoffart, Sorglosigkeit und Greuelhaftigkeit (Hes. 16, 49). Ob dahinter unabhängige Überlieferungen stehen, oder ob Sodom zum Symbol aller Sünden geworden ist, das sei dahingestellt. Das alles spricht aber nicht dagegen, daß die Sünde der Stadt in der Homosexualität und in der Vergewaltigung in diesem Sinn ihren letzten Auswuchs gefunden hätte. Deshalb wird sie in dem in 1. Mose 19 skizzierten Gerichtsverfahren herausgestellt. Das war das Zeichen der Verderbtheit.

Parallele in Gibea

Wendet man sich von dem Gericht Sodoms dem Geschehen im Richterbuch Kapitel 19 zu, so liegen die Parallelen auf der Hand: Das Verlangen der Gibeaniten wird mit nahezu gleichen Worten ausgedrückt: *»Gib den Mann heraus, . . . daß wir uns über ihn hermachen.«* (Eigentlich: ihn kennen, *»jada«;* Richter 19, 22).

Auch hier wird Gastrecht bedroht. Aber wie in Sodom wird nicht das getadelt. Das Verlangen der gleichgeschlechtlichen Vereinigung wird als Unrecht (eigentlich: Böses) und Schandtat (eigentlich: Torheit, d. h. ein Handeln Gottloser, das Verderben bringt) bezeichnet. Worin besteht die Schandtat? Sicher wieder Mißachtung des Gastrechts. Sicher auch in beabsichtigter Vergewaltigung. Aber warum das Angebot der Frauen? Auch die eine war ein Gast. Doch damit soll ein homosexueller Akt verhindert werden. In einer chaotischen Gesellschaft, in der »jeder tat, was er wollte« (Richter 21, 25), soll nicht auch noch Gottes Zuordnung der Geschlechter zerbrochen werden.

Damit wären die direkten Aussagen des Alten Testaments, die auch in der heutigen Auseinandersetzung von homosexueller Seite immer wieder unter Feuer genommen werden, bedacht. Aber fehlt nicht noch das Wichtigste, der positive Hintergrund, auf dem diese Aussagen erst ihre richtigen Proportionen erhalten? Was das Alte Testament zur Homosexualität zu sagen hat, wird nur richtig vernommen, wenn man zugleich vernimmt, was es positiv zur menschlichen Geschlechtlichkeit zu sagen hat. Das Nein zur Homosexualität wird getragen vom großen Ja zur Geschlechtsgemeinschaft zwischen Mann und Frau. Dieses große Ja muß jetzt mitgehört werden.

Das Ja zur Geschlechtsgemeinschaft zwischen Mann und Frau

Deshalb noch ein Blick in die ersten Kapitel der Heiligen Schrift. Ihr Gesamtthema ist: Vom Chaos (dem großen Tohu-wa-bohu, so Hebräisch für »wüst und leer«, 1. Mose 1, 2) zum geordneten

Kosmos, in dem der Mensch leben und sich freuen kann. Der Mensch, dem Gott dann seine gute Schöpfung zur Verwaltung übergibt, ist Gottes Ebenbild (1, 26). Und da begegnet, wie Paul Jewett sagt (Man as Male and Female), die erste große Überraschung der Bibel: Als Gottes Ebenbild ist der Mensch als Mann und Frau geschaffen. Und nur wenn der Mann erkennt, daß er nicht für Gott allein, und auch nicht für den andern Mann, sondern für die Frau geschaffen ist, und die Frau, daß sie für den Mann geschaffen ist, werden sie ihrer Bestimmung als Gottes Ebenbild gerecht. Mann und Frau dürfen sich liebevoll ergänzen. Das ist wesentliche Voraussetzung für das Gelingen des ihnen anvertrauten Auftrags der Weltverwaltung.

Das zweite Kapitel unterstreicht das. Nur einmal erscheint vor dem Fall das »Nicht gut« (2, 18), und das betrifft den Mann, der mit seiner Männlichkeit allein dastcht. Seine Einsamkeit, die zugleich seine Einseitigkeit ist, wird dadurch überwunden, daß ihm die Frau als Ansprechpartner zugeführt wird. Jetzt entsteht Gemeinschaft. In der Begegnung mit der Frau findet sich der Mann selbst: »Bein von meinem Bein!« Jetzt tut sich sein Mund auf. Staunen überkommt ihn; fast ungläubig und doch jubelnd bricht es aus ihm heraus: »Fleisch von meinem Fleisch!« (2, 23). Weil diese Frau sein ist und doch kein Duplikat seiner selbst, kann sie ihn ergänzen und können sie wiederum eins werden, zutiefst in der geschlechtlichen Gemeinschaft des einen Fleisches. In der Begegnung von Mann und Mann kommt es eben nicht zur Zweisamkeit oder Ganzheit, sondern nur zur Verdoppelung des Mannes, ohne daß die Ein-samkeit durchbrochen würde. Deshalb entsteht hier auch nichts Neues, kein neuer Mensch. Es ist kein Geheimnis, daß eine reine Männer- und eine reine Frauengemeinschaft Gottes Ordnung für diese Welt nicht widerspiegeln können. Wo diese Zueinanderordnung der Geschlechter aufgelöst und die gleichgeschlechtliche Praxis propagiert wird, da ist die von Gott gewollte Gestalt des Kosmos aufs neue vom Chaos bedroht. Und zugleich wird vor diesen abnormen geschlechtlichen Verhaltensweisen gewarnt, weil damit die kreatürliche Grundweise verlorengeht, in Überwindung der Selbstliebe zu fruchtbarem Leben zu kommen (H. W. Wolff, Anthropologie des Alten Testaments).

Der beschränkte Überblick über das Alte Testament hat gezeigt, daß es die Homosexualität ablehnt. Dagegen können auch die gekünstelten Einwände derer nichts ausrichten, die von der Bibel her für die Homosexualität Raum schaffen wollen.

Bislang ging es lediglich um eine biblische Bestandsaufnahme.

Damit aber ist die Frage noch nicht gelöst, die da lautet: Was geht das uns an, die wir doch tatsächlich nicht mehr unter dem Gesetz stehen? Und wie verhält sich das alles zu dem im Neuen Testament gezeichneten Bild? Und, nachdem das alles gesagt ist, muß ich immer noch fragen, wie ich mich zu den homosexuell orientierten oder festgelegten Menschen in meiner Umgebung verhalten soll, und vor allem, welcher Platz ihnen in der Kirche und unter dem Evangelium zukommt. Das sind alles Fragen, deren Beantwortung nicht umgangen werden darf, auch wenn sie uns vielleicht schwer wird.

II. Das Neue Testament

Verhältnis AT – NT

Eine der schwierigsten Fragen im Umgang mit der Bibel ist die rechte Bestimmung des Verhältnisses, in dem Altes und Neues Testament zueinander stehen. Ich kann mir gut vorstellen, daß in Antwort auf die am Alten Testament gewonnenen Ergebnisse von vielen Seiten der Einwand erschallt: Wenn das Alte Testament die Homosexualität ablehnt, so besagt das für uns noch nichts. Wir sind nicht mehr unter dem Gesetz! Christus ist des Gesetzes Ende (Röm. 10, 4).

Diesen Einwand muß man allen Ernstes hören. Es gibt eine Fülle anderer Vorschriften und Anweisungen im alttestamentlichen Gesetz, auch sittlicher Art, die wir auch als in Christus abgetan erklären. Das fängt an beim Verbot des Blutgenusses, der Unterscheidung zwischen reinen und unreinen Tieren und geht bis zu Gesetzen der Felderbestellung und der Kriegsführung.

Man entgeht dem Einwand auch nicht damit, daß man sich auf die für das Vergehen der Homosexualität vorgesehene Todesstrafe bezieht, denn das Alte Testament sieht für mehr als zwanzig Delikte, angefangen vom Götzendienst, die Todesstrafe vor, ohne daß wir daraus ableiten, daß wir auch dafür plädieren müßten.

Paul Althaus, ein angesehener Theologe, meint: »Das sittliche Gesetz des Mose bindet den Nichtjuden nur insoweit, als in ihm der allen Völkern und Menschen geltende Wille Gottes ausgedrückt ist; also nicht das Jüdische, sondern das Menschliche am Gesetz gilt uns.« Doch dem fügt er gleich einschränkend hinzu:

»Das zu erkennen ist Sache ihrer (d. i. der Völker) freien vernünftigen Einsicht« (Die christliche Wahrheit, Bd. 1, 1947, S. 226). Aber muten wir damit »der freien vernünftigen Einsicht« nicht doch zuviel zu? Dieser Weg führt nicht weiter.

Doch ein Hinweis muß schon hier erfolgen. Wer meint, Speisegewohnheiten und geschlechtliche Verhaltensweisen liegen auf einer Ebene, der verfällt dem gleichen Fehlschluß, dem auch einige Christen in Korinth erlagen. Paulus macht in 1. Korinther 6 deutlich, daß zwischen beiden der gleiche qualitative Unterschied besteht wie zwischen Bauch und Person (V. 13), zwischen Biologischem und Menschlichem, zwischen Vergehendem und bis in die Auferstehung hinein Bleibendem.

Um aus diesem Dilemma herauszukommen, ist ein Doppeltes zu bedenken. Wir stellten einmal fest, daß das gegen die Homosexualität gerichtete Gesetz im Alten Testament erst auf dem Hintergrund des im Zusammenhang mit der Schöpfung dargestellten Verständnisses von Geschlechtlichkeit und Ehe seinen positiven Wert bekommt. Dort wird herausgestellt, was zum Menschen gehört.

Zum andern ist der Grundsatz zu beachten, daß das rechte Verständnis des Alten Testaments, ob es sich nun um Fragen der Eschatologie, der Verwirklichung des Heils oder Ethik handelt, bei Jesus und den Aposteln erfragt werden muß.

Diese beiden Orientierungspunkte müssen wir im Auge behalten. Dabei gehen wir so vor, daß wir uns zunächst den Apostelschriften zuwenden, dann auf Jesus hören, dessen Wort uns freilich auch nur über den Mund der Apostel erreicht, und schließlich nach dem neutestamentlichen Gesamtverständnis von Ehe und Geschlechtlichkeit fragen, soweit es unser Anliegen betrifft.

I. Paulus

Von den Aposteln kommt lediglich Paulus auf die Homosexualität zu sprechen; er freilich gleich dreimal, nämlich in Römer 1, 26. 27; 1. Korinther 6, 9. 10 und 1. Timotheus 1, 9. 10.

1. Im Römerbrief

Der Römerbrief ist eine sorgfältige Darstellung, die zunächst zeigt, daß die ganze Menschheit, Juden und Heiden, der Sünde erlegen ist (vgl. Röm. 1,18 – 3,20) und wie es zur Befreiung aus diesem Gefängnis durch Jesus Christus allein kommt (3, 21 ff.).

Religiöse Perversionen und ethische Perversion

In einem ersten Abschnitt (1, 18 ff.) legt Paulus dar, daß sich die Menschen von Gott, dem Schöpfer, abwandten, sich dem Geschaffenen zukehrten und das Werk ihrer Hände anbeteten. Die Folge der religiösen Verirrung – der Mensch macht sich von Gott los – ist, daß Gott den Menschen losläßt: Gottlosigkeit führt zur Ungerechtigkeit (V. 18). Aus religiöser Perversion folgt ethische Perversion, die sich zunächst als Orientierungslosigkeit äußert.

Die ethische Orientierungslosigkeit ist Gericht. Wie Hammerschläge hallt das dreimalige »dahingegeben« (V. 24. 26. 28). Die sittliche Verirrung ist nicht Grund, sondern Folge des Zornes Gottes, wie das »Darum« (V. 24. 26) zeigt, das heißt sie ist Strafe und Sünde zugleich. Durch sie ruiniert sich der Mensch selbst und die menschliche Gesellschaft (V. 29–31). In diesem Zusammenhang ist von der menschlichen Homosexualität die Rede, wobei auffälligerweise hier das einzige Mal in der Bibel auch Lesbierinnen erwähnt werden.

Wenn Paulus als Beispiel für die Schändung des Leibes (V. 24) gerade die Homosexualität herausgreift (V. 26. 27), dann nicht nur, weil das Judentum die bei den Heiden praktizierte Homosexualität besonders verabscheute. Vielmehr sieht Paulus anscheinend eine tiefere Verbindung zwischen der Perversion des Gottesverhältnisses im Götzendienst einerseits und der Perversion der Geschlechterbeziehung andererseits.

Er unterstreicht das, indem er dreimal das gleiche Tätigkeitswort benutzt, was auch im Deutschen noch erkennbar ist: V. 23: »Verwandelte die Herrlichkeit des unvergänglichen Gottes . . . « V. 25: »Verwandelte die Wahrheit Gottes .. . «, V. 26: »Verwandelte den natürlichen Umgang in den unnatürlichen . . .«

Hierin zeigt sich, wie der an sich und sein Begehren preisgegebene Mensch im Tun seines Willens dem Chaos verfällt und die Schöpfung Gottes gefährdet. Das Gericht Gottes greift, wie an anderer Stelle auch die Erlösung, bis in das Leibliche des Menschen hinein (vgl. E. Käsemann, Römerbrief, S. 49). Denn gerade der Leib ist die größte, dem Menschen von Gott anvertraute Gabe.

Achtung, Mißverständnis

Gerade an dieser Stelle ist äußerste Vorsicht geboten. Die gleichgeschlechtliche Anlage des einzelnen ist – sowenig wie andere persönliche Defekte oder Krankheiten – nicht die direkte Strafe für seine Gottlosigkeit, sondern weitgehend das Produkt des tiefgreifend gestörten sozialen und zwischengeschlechtlichen Gefüges einer von Gott losen (gott-losen) Gesellschaft, das sich auch in den einzelnen Familien bemerkbar macht (s. dazu Lovelace, Homosexuality, S. 93 ff.).

Man darf deshalb auch unter keinen Umständen folgern, daß Homosexuelle etwa in einer besonderen Gottesferne leben würden. Das will Paulus unter keinen Umständen sagen, so wenig er jeden Heiden dieses Lasters beschuldigt. Er will an der Homosexualität deutlich machen, daß die von Gott lose Welt zur verkehrten Welt wird.

Man wird auch nicht von einer besonderen Schwere dieser Sünde reden dürfen. Denn mit dem dritten »Dahingegeben« wird eine Fülle anderer Sünden genannt, etwa Habsucht, Neid, Mord, Hoffart, Ungehorsam gegen Eltern, die für Paulus, soweit man das dem Zusammenhang entnehmen kann, sicher nicht weniger schuldhaft sind. Warum die Homosexualität dennoch gesondert behandelt wird, muß am Schluß nochmals bedacht werden.

Einwände

Auch sich mit der Bibel befassende Vertreter der homosexuellen Szene können nicht umhin zuzugeben, daß für Paulus die homosexuelle Gemeinschaft eine Perversion der von Gott gewollten Geschlechterordnung ist. Zugleich sucht man auf verschiedene Weise, das Gewicht dieser Aussage zu mindern. Hier können nicht alle Einwände besprochen werden, aber die wichtigsten seien herausgegriffen.

Lesbische Beziehung

Zunächst fragt man, ob es sich zwischen den in Vers 26 erwähnten Frauen tatsächlich um eine lesbische Verbindung handelt. Ist der unnatürliche Umgang nicht vielleicht der heterosexuelle Verkehr außerhalb der Ehe? Stünde Vers 26 isoliert, müßte man diesen Einwand ernstlich bedenken. Aber Vers 27 spricht klar von homosexuellem Verhalten, und das einleitende »Desgleichen« läßt keinen Zweifel daran, daß bei den Frauen an Gleiches, eben an lesbische Praktiken gedacht ist, die somit unter dem gleichen Urteil stehen wie männliche Homosexualität.

Jüdische Anschauungen

Ein zweiter Einwand geht dahin, daß Paulus hier gar nicht seine eigene Meinung wiedergibt, sondern daß er auf jüdische Anschauungen zurückgreift. Dafür spricht manches. Parallelen zu hier von Paulus angesprochenen Gedanken finden sich zum Beispiel in der spätjüdischen Schrift »Weisheit Salomos«, die unter die alttestamentlichen Apokryphen zählt.

Dort lesen wir zum Beispiel in 12, 24. 25: »Denn sie waren so weit auf Irrwege geraten, daß sie, betrogen wie unverständige Kinder, die Tiere für Götter hielten, die unter den verabscheuten Tieren die verächtlichsten sind . . .« Das erinnert an Römer 1, 22. 23. In Weisheit 14, 24 werden unter den Greueln der Heiden unter anderem auch »widernatürliche Unzucht, Zerrüttung der Ehen, Ehebruch und Ausschweifungen« aufgezählt.

Als Jude wird Paulus diese Schrift gekannt haben. Wesentlich ist aber, daß Paulus das positiv aufnimmt, es sich unter Christus zu eigen macht und die Gottlosigkeit und die Ungerechtigkeit in der ihm eigenen Weise zusammenbringt. Man kann eine neutestamentliche Aussage nicht schon deshalb für unbedeutsam erklären, weil sich andernorts ähnliches findet. Das läßt lediglich erkennen, daß auch außerhalb des Neuen Testaments wahre oder sittlich richtige Einsichten sein können, die jetzt unter Christus bestätigt werden.

Was ist natürlich?

Gerne weist man weiter darauf hin, daß Paulus von der »Natur« ausgeht. Ist das nicht in doppelter Hinsicht anfechtbar? So fragt man einmal: Kann uns denn die Natur lehren, was Gottes Wille ist? Die Natur ist in ihrer Gesamtheit in den Fall hineingezogen. Das »Natürliche« ist keineswegs immer das Gottgewollte. Der Weg zurück zur Natur ist noch nicht der Weg zum heilen Menschen oder zur heilen Welt.

Der Homosexuelle argumentiert aber gerade anders herum.

Diese Art des Geschlechtsempfindens ist für mich eben »das Natürliche«, sagt er. Was will denn Paulus?

Paulus benützt mit »natürlich« (griechisch: parà phýsin) und »unnatürlich« (griechisch: katà phýsin) aus der Stoa, einer philosophischen Schule des Altertums, bekannte Ausdrücke. Dort heißt es: Was natürlich ist, lehrt der gesunde Menschenverstand, und dem Natürlichen kann man nicht entrinnen. Aber verbindet Paulus mit diesen Begriffen diese Vorstellung? Das käme ja einer natürlichen Theologie gleich, für die sachlich im Neuen Testament kein Raum ist.

Paulus ist kein Biologe, der die Natur beobachtet und aus dem Gängigen das Natürliche abliest. Aus V. 20–25 ist erkennbar, daß Paulus vom Schöpfer ausgeht. Er holt seine Maßstäbe für das, was natürlich ist, vom »Anfang« her, wo die Geschlechter als Mann und Frau ihre Bestimmung füreinander vom Schöpfer erhalten, der sie in seinem Ebenbild schuf. Deshalb erfolgt aus der Abkehr vom Schöpfer die Verkehrung des »Natürlichen«.

Noch zwei Einwände treten in unseren Gesichtskreis, die hier nur angedeutet, später weiter bedacht werden sollen. Der eine: Paulus wußte nichts »von den Entstehungsbedingungen der Homosexualität«, sonst hätte auch er darin nichts sittlich Verwerfliches gesehen (U. Wilckens, Römerbrief, 1978, S. 110, Fußnote 205). Wird aber damit nicht wiederum gesagt, daß das in mir Angelegte, also das für mich Natürliche, nun auch schon das Gottwohlgefällige sein muß?

Der andere: Bei der von Paulus verworfenen Homosexualität kann es sich nur um das verantwortungslose Spielen eines ansonsten heterosexuell angelegten Menschen handeln, der einen homosexuell orientierten Menschen lieblos, ausbeuterisch und treulos benutzt. Das hat Paulus in seiner Umwelt vor Augen. Eine auf hoher sittlicher Ebene angelegte, in Liebe eingehüllte und auf Dauer hinzielende gleichgeschlechtliche Gemeinschaft kann Paulus nicht gemeint haben. Die Antwort darauf wird sich beim Überblick über das gesamte neutestamentliche Geschlechts- und Eheverständnis finden.

2. Im 1. Korintherbrief

Nun zu 1. Korinther 6, 9 ff.: *»Wisset ihr nicht, daß die Ungerechten werden das Reich Gottes nicht ererben? Lasset euch nicht irreführen! Weder die Unzüchtigen noch die Götzendiener noch die Ehebrecher noch die Weichlinge noch die Knabenschänder noch* *die Diebe noch die Geizigen noch die Trunkenbolde noch die Lästerer noch die Räuber werden das Reich Gottes ererben. Und solche sind euer etliche gewesen. Aber ihr seid abgewaschen, ihr seid geheiligt, ihr seid gerecht geworden durch den Namen des Herrn Jesus Christus und durch den Geist unseres Gottes.«*

Typisch heidenchristliche Gemeinde

Die Gemeinde in Korinth war eine typisch heidenchristliche Gemeinde. Weder Kenntnis des Alten Testaments noch jüdische Maßstäbe für das Handeln waren vorauszusetzen. Eine typische Missionsgemeinde, in die alle Mißstände heidnischer Lebensgestaltung mit den Bekehrten hineindrängten.

Zudem war Korinth selbst im nichtchristlichen Altertum wegen seiner Lasterhaftigkeit bekannt. *»Korinthiazesthai«* hieß ursprünglich »korinthisch leben«, hatte aber die Bedeutung von lasterhaft, ausschweifend leben, geschlechtskrank sein angenommen.

Im vorliegenden Kapitel mahnt Paulus die Christen zunächst, ihre Rechtshändel nicht vor heidnischen Gerichten auszutragen. Die Losung lautet: Lieber Unrecht leiden als Unrecht tun (6, 7). Unrecht ist das Stichwort, das weiterwirkt und die Aussage hervorruft: »Ungerechte Gottes Reich ererben – das geht nicht« (V. 9). Bewußt behielt ich in der Übersetzung die Wortfolge des griechischen Satzes bei, der »Ungerecht« und »Gottes Reich« provozierend zusammenstellt, um die Unmöglichkeit solchen Denkens deutlich zu machen.

Aber was sind »Ungerechte«? Keineswegs nur vor heidnischen Gerichten Prozessierende, sondern auch Unzüchtige (griech. pornoi – s. unser Wort Pornographie), Götzendiener, Ehebrecher, Weichlinge, Knabenschänder, Diebe, Geizige, Trunkenbolde, Lästerer, Räuber. Wie im Römerbrief wird die Homosexualität weder besonders hervorgehoben noch ausführlich behandelt, sondern im Rahmen eines sogenannten »Lasterkatalogs« erwähnt.

All das da Genannte gehört zu einem – so würden wir heute sagen – mit dem Evangelium nicht vereinbaren Lebensstil, der sich in Korinth breitmachen will. Weil damit Gottes Tempel, die Gemeinde zerstört wird (3, 17), stemmt Paulus sich dagegen. Ihr seid gerecht geworden (6, 11). Wie könnt ihr aufs Neue die Ungerechtigkeit zu eurem Programm machen, sie legitimieren, sie zum Recht machen?

Aber schauen wir etwas näher hin. Es könnte wohl sein, daß

porneia«, Unzucht, der Oberbegriff ist, woraufhin gezeigt wird, in welcher Gestalt sie in Korinth begegnet: Als Götzendienst, zu dem wohl auch die Tempelprostitution als Unzuchtform gehörte, als Ehebruch und als Homosexualität.

Zu ihrer Umschreibung benützt Paulus zwei spezifische Begriffe. Luther übersetzt das griechische *»malakos«* als Weichling. *»Malakos«* heißt zwar weich, sanft, wird aber übertragen für weibisches Gehabe bei Männern gebraucht und bezeichnet besonders den, der sich passiv für die Homosexualität gebrauchen läßt. Wo Luther Knabenschänder übersetzt, steht *»arsenokoitai;«* es bezieht sich auf den aktiven Homosexuellen.

Allgemein urchristlich

Daß Homosexualität mit Unzucht und von Gottes Reich ausschließender Ungerechtigkeit zusammen genannt wird, läßt erschrecken. Man hat schon lange erkannt, daß Paulus hier gar nicht eigene Formulierungen gebraucht. Begriffe wie »Reich Gottes« und »erben« weisen in älteste christliche Traditionen zurück. Schon 1910 beobachtete J. Weiß, daß wir hier wohl »ein Stück jenes ungeschriebenen (oder geschriebenen?) Katechismus haben«, der allgemein in den urchristlichen Gemeinden gültig war (»Erster Korintherbrief« S. 153). Was wir hier haben, ist gemeinchristlich, nicht paulinisch (H. Conzelmann, »Erster Korintherbrief«, 1969, S. 120 f.).

Diese positive literarkritische Einsicht zeigt uns aber, daß Paulus in seiner Stellungnahme zur Homosexualität nicht als »verklemmtes Individuum« für sich allein dasteht. Auch hier gilt wie bezüglich der Auferstehungsbotschaft das »Es sei nun ich oder jene, so predigen wir und so habt ihr geglaubt« (15, 11). Auch in ethischen Fragen gab es eine wesentliche Einmütigkeit der apostolischen Verkündigung.

Die frühe Christenheit war gezwungen zu sagen, was sittlich dem Evangelium, das heißt der Gerechtigkeit gemäß ist, oder besser, wo die Grenzen des nicht mehr Gemäßen verliefen. Freiheit vom Gesetz war nicht Freiheit für das Fleisch.

In der Umwelt der Gemeinden war eben vieles gängig. Im griechischen Bereich war gerade unter Philosophen die Knabenliebe (Päderastie) verbreitet. Sie war aber auch in der heidnischen griechisch-römischen Umwelt keineswegs allgemein moralisch anerkannt (s. Conzelmann, a.a.O.). In auf uns gekommenen heidnischen Lasterlisten werden auch malakoi (s. o.) genannt.

Wir haben eine Fülle von Zeugnissen der heidnischen Antike, die den Widerwillen der breiten Öffentlichkeit dagegen widerspiegeln und die mit der Homosexualität verbundenen Begriffe als Schimpfworte verwenden. Das gilt nicht nur für die römische, sondern auch für die griechische Welt (für Einzelbelege vgl. H. Herter, »Effeminatus«, Reallexikon für Antike und Christentum, Stuttgart, 1959, Band IV, S. 620–650). Dazu gab es um der familienzerstörenden Auswirkungen willen gerade in der frühen Kaiserzeit weite Reformprogramme; doch das alles griff nicht.

Aber man hat gerade die Bedeutung der griechischen Begriffe *malakos* (Luther: Weichling) und *arsenokoites* (Luther: Knabenschänder) selbst anfechten wollen. In einem unveröffentlichten Aufsatz vertritt Dr. J. Boswell von der Yale Universität die Ansicht, das erste bedeute einfach den »moralisch schwachen Menschen«, das zweite umschreibe allgemein den ethisch verwerflichen Verführer, hätte also auch nichts mit gleichgeschlechtlichem Verhalten zu tun. Das Belegmaterial stammt freilich erst aus der Zeit nach 500, kann also kaum auf neutestamentliche Schriften angewandt werden. Zudem ist im ersten Korintherbrief der auf geschlechtliche Unzucht hinzielende Zusammenhang eindeutig.

Nicht das letzte Wort

Und doch darf das nicht das letzte Wort sein. Sünde, Chaos und Gericht sind für Paulus nicht das Letzte, sondern ergehen immer auf dem Hintergrund der angebotenen Gnade der Vergebung und der Kraft zum neuen Leben durch das Evangelium. »Ihr seid abgewaschen, ihr seid gerecht geworden, ihr seid geheiligt durch den Namen unseres Herrn Christus und durch den Geist unseres Gottes« (V. 11), »darum so preiset Gott an eurem Leibe« (V. 20) – das kann nicht stark genug hervorgehoben werden.

Dabei bedeutet »preiset Gott an eurem Leibe« nicht asketische Verwerfung der Sexualität, sondern ihre Einordnung in den vom Schöpfer gewollten Rahmen der Ehe, wie sich aus Kapitel 7 zeigt. Von gleichgeschlechtlicher Anlage und homosexueller Praxis gilt aber, das sie keineswegs unvergebbar sind, sondern sie liegen, was die Vergebung angeht, auf einer Ebene mit den anderen hier genannten Sünden.

3. Im 1. Timotheusbrief

Bei 1. Timotheus 1, 10 können wir uns kurz fassen, weil über das bereits Gesagte hinaus nicht mehr viel hinzukommt. Im Zusammenhang geht es um die Frage, ob das Gesetz nicht überflüssig sei. Während dem »Gerechten kein Gesetz gegeben ist« (V. 9), verurteilt es die Ungerechten, Ungehorsamen, Gottlosen, Sünder. In der Reihe derer, denen das Gesetz widersteht, werden neben den Unzüchtigen (wieder steht im Griechischen *pornois*) auch die *arsenokoitai,* die Homosexuellen genannt und zwar zusammen mit »Menschenhändlern, Lügnern, Meineidigen«.

Wieder fällt auf, daß die Homosexualität keineswegs betont herausgestellt wird. Zugleich muß aber auch festgehalten werden, daß sie nicht gebilligt wird. Und das wird unter Berufung auf das Evangelium begründet (V. 11).

Wenn diese »groben Sünden« aufgezählt werden, darf nicht daraus geschlossen werden, daß das auch alles in der damaligen Kirche begegnet wäre. Auslegern ist schon lange aufgefallen, daß Paulus hier auf eine katechismusartige Zusammenstellung, einen sogenannten Lasterkatalog zurückgreift, der in den apostolischen und nachapostolischen Gemeinden allgemein anerkannt war (siehe dazu die Kommentare von Dibelius und Conzelmann zur Stelle). Dieser Katalog orientiert sich in der Reihenfolge der Aufzählung an den Zehn Geboten. Das 7. Gebot (lutherische Zählung) wird als Verbot jeglicher geschlechtlichen Unzucht verstanden, weshalb die homosexuelle Praxis miterwähnt wird.

4. Sich ergänzende Argumente

Überschauen wir den bisher durchschrittenen Weg, so fällt nicht nur die durchgehende Ablehnung der Homosexualäit auf, sondern es überrascht auch, wie sich die Positionen, aus denen heraus argumentiert wird, ergänzen.

Die Ablehnung geschieht im Römerbrief unter Berufung auf den Willen des Schöpfers; im 1. Korintherbrief unter Berufung auf die im Evangelium zuteil gewordene Gnade und Gerechtigkeit und im Hinblick auf das zukünftige Reich Gottes; im 1. Timotheusbrief unter Berufung auf das Gesetz, das dem Ungerechten widersteht.

Man hat fast den Eindruck, als würde die ganze Theologie, von Schöpfung bis Vollendung, von Gesetz bis Evangelium, von Anthropologie bis Christologie aufgeboten, um das Eine deutlich zu machen. Aber alle drei Schriften möchten zugleich zur Vergebung und Erneuerung durch das Evangelium locken.

II. Was sagt Jesus dazu?

Mit dieser Frage schauen wir in die Evangelien hinein. Unsere Feststellung: Zu dieser Frage schweigt Jesus. Verwundert das? Eigentlich doch nicht. Jesus ist nicht der Philosoph oder Theologe, der sich kompendienhaft zu allen Fragen unter dem Himmel äußert, die es je gab oder geben wird.

Er lebt im Palästina des 1. Jahrhunderts und wendet sich den dort lebenden Menschen mit ihren Nöten zu. Viele uns heute bewegende Fragen beantworten weder Jesus noch die Bibel direkt. Ja, es ist sogar Vorsicht geboten, wenn Menschen meinen, sie hätten auf jedes Problem ein passendes Bibelwort parat.

Homosexualität gehört zu den Dingen, die unter den Juden der damaligen Zeit nicht geläufig waren. Das heißt aber nicht, daß wir diesbezüglich bei Jesus ganz ohne Antwort bleiben. Wenn Jesus geschlechtliche Fragen anspricht, dann setzt er immer heterosexuelle Gegebenheiten voraus, sei es, daß er von der Lust und dem falschen Begehren spricht (Matth. 5, 27–28), sei es, daß er sich zum Ehebruch äußert (Matth. 19, 4–6), sei es, daß es um eheliche Untreue geht (Joh. 4, 17 f.). Nirgends tritt auch nur die Möglichkeit in den Gesichtskreis, daß sich die Geschlechtsgemeinschaft in einem auf Liebe und Treue gegründeten gleichgeschlechtlichen Verhältnis verwirklichen lasse.

Der Grund dafür ist einsichtig. Jesus greift über Mose auf den »Anfang« zurück: »Habt ihr nicht gelesen, daß, der im Anfang den Menschen geschaffen hat, schuf sie als Mann und Weib« (Matth. 19, 4). Das zielt darauf hin, daß ein Mann und eine Frau ein Fleisch werden (V. 5. 6). Die Möglichkeit, daß zwei Frauen oder zwei Männer Vater und Mutter verlassen und ein Fleisch werden könnten, scheidet anscheinend aus. Denn in den weiteren Überlegungen (V. 10–12) wird zwar die Möglichkeit bedacht, daß Menschen ehelos bleiben, weil sie zur heterosexuellen Ehe unfähig sind. Aber die Möglichkeit einer homosexuellen Ehe bleibt unerörtert, obwohl es vielleicht gerade hier zu erwarten wäre.

Um der Ausgewogenheit willen muß aber noch darauf hingewiesen werden, daß bei der Erwähnung von Sodom und Gomorrha Jesus deren gleichgeschlechtliche Vergehen nicht hervorhebt. Vielmehr sagt er: Es gibt Schlimmeres! Daß man sich nämlich dem ständigen Gnadenangebot und dem Umkehrruf Jesu verschließt (vgl. Lukas 17, 28–30; Matth. 11, 20–24)!

Die obige Beobachtung läßt sich auch über die ganze Breite des Neuen Testaments hin fortführen. Wo immer von der Ehe oder der Geschlechtergemeinschaft gesprochen wird, ist an die heterosexuelle Gemeinschaft gedacht. So erwägt Paulus in 1. Korinther 7 nicht die Möglichkeit, daß neben einer heterogeschlechtlichen Ehe zwischen einem Mann und einer Frau auch noch eine gleichgeschlechtliche auf Liebe, Treue und Dauer angelegte eheliche Verbindung zwischen zwei Männern oder zwei Frauen bestehen könne.

Das müßte man aber erwarten, wenn er sich Römer 1 und 1. Korinther 6 nur gegen homosexuellen Mißbrauch wenden würde. Ehe ist eben die auf Lebenszeit angelegte Gemeinschaft äußerer und innerer Art von einem Mann und einer Frau – und nirgends von zwei Frauen oder zwei Männern. Das gilt auch für den außerpalästinensischen Bereich, wo, wie oben gesagt, gleichgeschlechtliche Liebe im Schwange war. Und nur als heterosexuelle Gemeinschaft, in der die Gatten einander ergänzen und aus ihrer Einseitigkeit »erlösen«, zu »einem Fleisch« werden, das auch neues Leben gebiert, ist die Ehe Abbild der Gemeinschaft zwischen der Gemeinde und Christus, der seinen Leib hingab, um die Gemeinde als seinen Leib zu erlösen (Eph. 5, 25 ff.).

Und die Liebe der in der Ehe Zusammengeschlossenen, das heißt des einen Mannes und der einen Frau, orientiert sich an der Liebe Christi zur Gemeinde, der sich ganz für sie dahingab (Eph. 5, 28 ff.). Auch zur Darstellung der Hoffnung greift das Neue Testament auf das heterosexuelle Bild von Braut und Bräutigam zurück und nicht auf das homosexuelle zweier gleichgeschlechtlicher Liebhaber. Für das Neue Testament ist tiefste Sehnsucht, gespannteste Erwartung, letzte Hingabe, volle Erfüllung, letzte Einheit zwischen zwei Menschen bis zu dem »ein Fleisch« allem Anschein nach nur im heterosexuellen Rahmen möglich.

Das unterstreicht auch eine Stimme aus der homosexuellen Szene: »Die tiefe Geschlossenheit zwischen geschlechtlicher Gemeinschaft, Elternschaft und Familienwerdung hat keine Parallele im homosexuellen Liebesleben. Es ist absurd, wollte man sagen, daß die Homosexualität im echten Sinne dem heterosexuellen Erleben gleichwertig sei. Ich sage nicht, daß das homophile Leben notwendigerweise unmoralisch oder pathologisch sein muß. Aber es ist anders« und unvergleichlich (W. Aaron, »Straight, A Heterosexual talks about His Homosexual Past«, New York, 1972, S. 206. 208).

III. Bilanz

Gleichgeschlechtliche Liebesverhältnisse in der Bibel?

Damit ist meines Erachtens das biblische Material zusammengestellt und unsere Aufgabe gelöst. Ich weiß sehr wohl, daß man gelegentlich in der Bibel gleichgeschlechtliche Liebschaften finden will, etwa zwischen David und Jonathan, Naomi und Ruth, Jesus und Johannes, Paulus und Timotheus (s. dazu ausführlich die amerikanische Veröffentlichung T. Horner, »David loved Jonathan«, Philadelphia, 1978).

Doch ist das in keinem der genannten Fälle explizit gesagt. Es muß aus einer bestimmten Position in den Text hineingelesen werden, obwohl 1900 Jahre christlicher Schriftauslegung es nie darin fand. Dazu vergißt man, daß die genannten alttestamentlichen Gestalten in heterosexuellen Ehen lebten und daß die neutestamentlichen in all ihren uns zugänglichen Aussagen die heterogeschlechtliche Ehe zwischen einem Mann und einer Frau voraussetzen.

Schließlich muß man noch fragen: Warum soll es denn nicht ein tiefes Vertrauensverhältnis und innige Freundschaft zwischen Männern oder zwischen Frauen geben, ohne daß es zu erotischen Bindungen oder homosexuellen Verbindungen kommt. Ist das undenkbar geworden?

Für heute nicht mehr verbindlich?

Schaut man zurück, dann wäre es das angemessenste zuzugeben, daß das Alte und das Neue Testament darin übereinstimmen, daß gleichgeschlechtliche Praxis eine Abweichung von Gottes Willen für die menschliche Geschlechtsgemeinschaft ist.

Nachdem man sich auch bei gewissen christlichen Homosexuellen dieser Einsicht aufrichtig nicht verschließen kann, wischt man all das Gesagte mit einer Handbewegung vom Tisch, indem man kategorisch sexualethische Aussagen des Paulus für heute nicht verbindlich erklärt. Denn, so argumentiert man, dann müßten wir doch auch akzeptieren, daß Frauen Kopftücher zu tragen und in der Gemeinde zu schweigen haben (s. »Bibel und Homosexuelle« hg. von der Arbeitsgruppe »Homosexuelle und Kirche«).

Dabei verschweigt man freilich, daß es sich dabei um völlig unterschiedliche Kategorien handelt. Das eine ist eine äußere Gottesdienstordnung, das andere eine auf den »Anfang« zurückgreifende Weisung über das rechte Verhältnis der Geschlechter, das den Menschen im Innersten seiner Person betrifft.

Dabei gehen die gottesdienstlichen Anweisungen des Paulus darauf zurück, daß in einem schwärmerisch-emanzipatorischen Klima die von Paulus (und Jesus) vertretene Gleichwertigkeit der Geschlechter als Gleichartigkeit mißverstanden wurde und es zur Verachtung der Ehe kam (s. dazu 1. Tim. 4, 3–5). Das Anliegen des Paulus, die Verschiedenartigkeit der Geschlechter zu wahren, gilt auch bei uns; nur benutzen wir dazu andere Mittel.

Und was das Reden im Gottesdienst angeht, so sollte man bedenken, daß Paulus normalerweise auch Frauen unter seinen Mitarbeitern hatte, etwa u. a. Euodia und Syntyche, Phil. 4, 2 f.; Phoebe, Römer 16, 1; Priscilla, Römer 16, 3, die – ein Unikum in der Antike – immer vor ihrem Mann genannt wird.

Wichtiger ist aber noch, daß diese gottesdienstlichen Anweisungen nicht in den Kontext von Unrecht, Sünde oder Unzucht hineingestellt sind. In der Diskussion über die Homosexualität wird aber behauptet, etwas, das das Neue Testament ausdrücklich als Ungerechtigkeit und Unzucht bezeichnet, sei züchtig und sei recht. Darin zeigt sich der ganze Widerspruch.

IV. Folgerungen

Welche Folgerungen praktischer Art sind aus all dem zu ziehen? Damit gehen wir über die Grenzen des uns gesetzten Themas hinaus. Da sich andere dazu sicher kompetenter äußern können, will ich es bei einigen nicht bis ins Detail ausgezogenen Anmerkungen bewenden lassen. Das ist alles sehr bruchstückhaft.

1. Homosexualität ist keine unvergebbare Schuld

Das wurde im Verlauf der Darstellung schon verschiedentlich ausgesprochen, muß aber nochmals ganz deutlich gesagt werden. Auch dem gleichgeschlechtlich veranlagten oder aus gleichgeschlechtlichen Verhältnissen herauskommenden Menschen gilt das Angebot der Vergebung in Jesus Christus. Seine Sünde darf nicht als schlimmer hingestellt werden als andere.

2. Gleichgeschlechtliche Verhältnisse und Akte (nicht schon die Neigung!) sind schuld

An dieser Stelle scheiden sich die Geister. Dabei geht es heute gar nicht darum, ob jemand durch gleich welche Umstände in eine gleichgeschlechtliche Verbindung »hineinfällt«, sondern daß man darin einen biblisch legitimen christlichen Lebensstil findet, für den man in der Kirche und andernorts vollen Freiraum und Anerkennung fordert, um ihn ausleben zu können. Homosexualität wird zum positiven Programm der Geschlechterbeziehung erhoben!

Gehen wir nochmals zurück zum 1. Korintherbrief oder 1. Timotheusbrief und überblicken die besprochenen Kataloge, dann müßte man doch – mit gleichem Recht – sagen dürfen, Ehebruch, Dieberei, Trunksucht, Neid sind bei entsprechender Veranlagung auch ein mit dem Evangelium zu vereinbarendes Lebensprogramm. Beim Schreiben schrecke ich zurück; und doch, drängt sich einer konsequenten Schriftauslegung diese Folgerung nicht auf?

3. Kann Veranlagung Unrecht sein?

Damit ist die entscheidende Frage gestellt. Es wäre vielleicht noch leichter, würde man homosexuelle Neigung oder gleichgeschlechtliches Verhalten als krankhaft bezeichnen. Aber die aggressiven Homosexuellen wollen nicht krank sein, sondern gesund und normal (»Bibel und Homosexuelle«, a.a.O.). Das Abnorme soll Norm sein!

Aber ist denn Homosexualität angeborene Veranlagung? Das ist bis jetzt keineswegs bewiesen. Die entsprechenden endokriologischen und genetischen Untersuchungen haben nichts Eindeutiges ergeben; die Frage muß wenigstens offenbleiben (s. dazu S. Meurer, »Das Problem der Homosexualität in theologischer Sicht«, Zeitschrift für evangelische Ethik, 18 (1974), S. 38–48, S. 39).

Physiologisch werden wir zwar als männlich oder weiblich geboren, aber unser Geschlechtsbewußtsein und -verhalten, das sich darin äußert, daß wir schließlich sagen: »Ich bin ein Junge« oder »Ich bin ein Mädchen«, »Ich bin eine Frau« oder »Ich bin ein Mann«, auch so empfinden, so handeln, so lieben, das wird aller Wahrscheinlichkeit nach in den ersten Lebensjahren festgelegt. Diese frühkindlich geprägten Verhaltensmuster können zu nahezu unauslöschlichen Persönlichkeitsstrukturen werden.

Aber darf ich mich von allem in mir Angelegten treiben lassen: Habgier, Erfolgsucht, Dieberei, Haß? Und was ist, wenn einer sagt, ich bin so angelegt, daß ich mehrere Frauen gleichzeitig lieben muß? Wenn wir alles in uns Angelegte ausleben, ist das Chaos da.

Ich möchte gerade nicht unterstellen, daß homosexuelles Verhalten eine bewußt angesteuerte Sünde ist. Aber viele andere Sünden werden von uns auch nicht bewußt ergriffen, sondern sind tief in uns verwurzeltes Verhalten. Das ist ja die Tiefe unserer Not, die erst in der Begegnung mit Gottes Wort als Sünde vielleicht nicht gefühlsmäßig empfunden, wohl aber erkannt und anerkannt sein will.

Die gleichgeschlechtliche Anlage liegt so tief, daß sie bei Bekehrung und Wiedergeburt nicht einfach ausgelöscht wird – das gilt auch für andere, nur sind sie nicht so greifbar persönlichkeitsprägend. A. Schlatter meint dazu: »Wie Gottes Zorn nicht durch Unglück und Katastrophen den Menschen straft, so wird ihm auch das Heil nicht als eine ihn beglückende Wandlung der Natur zuteil. Gottes Gnade empfangen wir dadurch, daß unser Wille gewendet wird, und der Kampfplatz . . . ist unser Verhältnis zu unserem Leib« (»Gottes Gerechtigkeit«, 1975, S. 65).

Was das Neue Testament Lüste nennt, so möchte man fortfahren, sind eben nicht die zu unserer Erhaltung wichtigen Triebe, sondern das in uns wohnende sündige Verlangen, das sich bei den Menschen verschieden bemerkbar macht und und das, sich selbst überlassen, sich als Vergehen gegen Gott auswirkt (vgl. F. Büchsel, »epithymia«, ThWNT, III, S. 168 ff.).

4. Schuld und Schaden

Man darf das sündige Verhalten nicht nur unter dem Blickwinkel vergebbarer Schuld sehen; der daraus resultierende Schaden und die Folgen sind ebenso zu bedenken. A. Köberle spricht in seinem frühen Werk »Rechtfertigung und Heiligung« (1929, 2. Aufl.) von einer »Lehre von den Sünden«. Jesus macht in der Bergpredigt deutlich, daß jede Sünde vor Gott gleich schwer wiegt (vgl. Matth. 5,21 ff.). Aber in der Wirkung auf den Nächsten und auf die Gesellschaft ist ein Unterschied zwischen dem bösen Gedanken, dem verletzenden Wort, dem verwundenden Tritt und dem tötenden Hieb.

Und die Wirkung homosexuellen Verhaltens trifft eben nicht nur den Beteiligten, sondern gerade auch den Nächsten bis ins

Innerste seiner Person hinein und zieht weite Schadenskreise. Zur Gleichgeschlechtlichkeit Neigende werden animiert, hineingezogen, festgebunden, daß ihnen kaum mehr zu helfen ist. Familien zerbrechen darüber. Andere Menschen werden so hineinverstrickt, daß sie nicht mehr loskommen, und Kinder werden in ihrer Persönlichkeit tief geprägt. Das Unrecht schafft neues Unrecht, die Bindung neue Bindung, die Anlage neue Anlage. Das sollte uns vor allem Sorge machen.

Die Psychologie hat schon recht, daß geschlechtspezifisches Verhalten »anerzogen«, frühkindlich unbewußt eingeprägt ist. Falsch ist, daß man das in der frühkindlichen Pädagogik weitgehend negativ verstanden hat. Wo Personen prägend wirken, die mit ihrer eigenen Geschlechtlichkeit im Zwiespalt leben, wo Vater oder Mutter fehlen, da ist eine höhere Wahrscheinlichkeit, daß Kinder heranwachsen, die nicht mehr wissen, ob sie sich als Junge oder Mädchen verhalten sollen, was dem Mann- oder Frausein entsprechendes Verhalten ist. Wenn ihre physiologische Geschlechtlichkeit zur Reife kommt, fallen sie in chaotische Konflikte.

Wenn man sich in unserer Welt umsieht, wenn man die gleichgeschlechtliche Bewegung zur Kenntnis nimmt, die vielen alleinerziehenden Eltern sieht, wenn man um das systematische gesellschaftliche Bemühen weiß, von Spiel bis Kleidung, von Körpergestalt bis Berufswahl geschlechtspezifisches Verhalten einzuebnen und dazu feststellt, wie in Kirche und Schule Homosexuelle an die Öffentlichkeit drängen, dann braucht man noch gar kein zur Schwarzmalerei neigender Apokalyptiker zu sein, um zu sagen: Keine Angst, es kommt noch schlimmer.

Als Beispiel weise ich nur hin auf die »Arbeitsgemeinschaft homosexueller Lehrer und Erzieher in der Gewerkschaft Erziehung und Wissenschaft Berlin«, die stolz darauf ist, sich »ganz offiziell als Schwule in eine deutsche Gewerkschaft eingebracht« zu haben. Sie fordern jetzt auch »das Recht, selbst zu bestimmen, wann sie am Arbeitsplatz offen als Homosexuelle auftreten« und bestehen darauf, daß Homosexualität im Unterricht als »eine der Heterosexualität gleichwertige, gleichberechtigte und positive Form der menschlichen Sexualität« behandelt wird (FAZ, Nov. 1980).

Um der Verantwortung für das Ganze, besonders die nachwachsende Generation, um des Schadens willen muß man um Einsicht bitten.

5. Was sollen wir tun?

Helfen und sich helfen lassen. Es muß deutlich bleiben: Auch dem gleichgeschlechtlich Veranlagten oder Gebundenen gilt das Angebot der Vergebung. Und das ist wichtig, denn viele Homosexuelle sind von Schuld geplagt. Aber das reicht nicht.

Wir haben als Christen weder ein Recht, gleichgeschlechtlich orientierte Menschen zu verachten, noch steht es uns zu, sie lächerlich zu machen. Wir sind alle nur Menschen, die über dem Abgrund ihrer Neigungen gehalten werden, und leben von der Gnade. Homosexuelle sollten vielmehr wissen: Hier sind Christenmenschen, die mich in meiner Not verstehen, die mit mir leiden und mich annehmen. Der Homosexuelle leidet oft psychisch; er leidet unter der Verachtung und unter seinem eigenen Zwiespalt, er leidet unter der Isolierung und dem Dunkel, in das er sich hineingedrängt sieht (vgl. Meurer, a.a.O., S. 47 und Aaron, a.a.O., S. 208). Vielleicht sollte man hinter der heutigen aggressiven homosexuellen Bewegung den verborgenen Schrei hören: Wir halten es nicht mehr aus im Dunkel der Mißachtung und der Heimlichkeit. Müssen wir nicht hier auch ein Versagen der Christen eingestehen? In den Gemeinden müssen Anlaufstellen zu finden sein. Was einen bis in den Kern der Persönlichkeit betrifft, kann man nicht ohne Schaden überall ausbreiten. So wird die seelsorgerliche Hilfe an Homosexuellen ihren eigenen Weg finden müssen.

Gibt es nicht ein vollmächtiges Wort der Seelsorge, das Bindungen bricht? Das freilich erübrigt unter keinen Umständen weder im Leiblichen noch im Psychischen den Arzt. Und weil die Seelsorge sich nicht erkühnen darf, das Werk des Arztes zu tun, ist auch die Weiterleitung an den Arzt ein notwendiger Hilfsdienst, der aber auch angenommen werden sollte. Letztlich aber ist wichtig, daß in unserer Welt Christen sind, die den Mut haben, mit Gottes Gnade Männer und Frauen, Väter und Mütter zu sein, an denen sich dann auch Heranwachsende (unbewußt) in ihrer geschlechtspezifischen Verhaltenseinübung orientieren können.

Das andere ist: Sich helfen lassen. Darüber brauche ich nicht viel zu sagen. Die Not ist heute, daß in diesem Bereich weitgehend nicht ewa die These gilt:»Uns ist nicht zu helfen«, oder »Niemand hilft uns«, sondern: »Wir brauchen keine Hilfe, außer daß wir öffentlich ausleben dürfen, was wir sind.« Wie kann man da helfen? Das ist schwer.

6. Lasten tragen

Soviel sollte deutlich geworden sein: Leichte Auswege gibt es nicht. Wer meint, hier mit schnellen Mitteln helfen zu können, dem ist zu mißtrauen. Die gefallene Schöpfung, der wir angehören, reicht hinein bis in unser Innerstes, unser Mannsein und Frausein als Ebenbild Gottes. In dieser Welt wird nicht alles heil. Mancher und manche werden deshalb mit ihrer gleichgeschlechtlichen Not leben müssen. So etwas schreibt man nicht so leichthin, und das wird nicht gerne gehört. Das ist auch schwer. Unsere Aufgabe ist, dafür zu sorgen, daß Betroffene diese Last, wie es auch von anderen Lasten gilt, nicht allein tragen müssen. Sie müssen wissen: Es gibt Vergebung, Kraft zur Hilfe und Kraft zum Tragen. Es gibt Brüder und Schwestern, denen kann ich mich anvertrauen. Die verachten mich nicht, noch verratén sie mich. Sie wollen helfen. Sie tragen mit mir. Und sie tragen mich.

Gottes Weisungen – Hilfen zum Leben

Abschließende Überlegungen

Wir haben gesehen, daß das biblische Zeugnis des Alten und Neuen Testaments eindeutig ist in der Ablehnung homosexueller Handlungen. Es ist aber auch deutlich geworden, daß vom Evangelium her Hoffnung aufleuchtet für den homosexuellen Menschen. Zunächst einmal ist da das Angebot der Vergebung Gottes, das für jeden gilt. Diese Vergebung Gottes ist aber kein bloßes Wort, das uns letztlich doch leer und unverändert läßt, sondern sie schafft Neues im Leben derer, die durch sie erreicht werden. So sagt Jesus der Ehebrecherin, die von religiösen Führern, die nur Verachtung und Verurteilung für sie hatten, zu ihm hingezerrt wurde, ein Doppeltes: »So verdamme ich dich auch nicht, gehe hin und sündige hinfort nicht mehr!« (Joh. 8, 11)
In der Begegnung mit Jesus Christus wird möglich, was vorher unmöglich war: Lebenserneuerung von Grund auf. In Jesus ist die Verheißung wahr und greifbar geworden, die Gott einst durch Hesekiel seinem Volk gegeben hatte: »Ich will meinen Geist in euch geben und will solche Leute aus euch machen, die in meinen Geboten wandeln und meine Rechte halten und danach tun« (Hes. 36, 27). Wer »in Christus« ist, so schreibt Paulus triumphierend,« ist eine neue Schöpfung. Das Alte ist vergangen, siehe, ein Neues ist geworden!« (2. Kor. 5, 17) Er bezeugt auch die tatsächlich erfolgte Lebenserneuerung homosexueller Menschen in der Gemeinde in Korinth: »Solche sind einige von euch gewesen. Aber ihr seid abgewaschen, ihr seid geheiligt, ihr seid gerecht geworden durch den Namen des Herrn Jesus Christus und durch den Geist unseres Gottes.« (1. Kor. 6, 11)

Wie sich dieser Prozeß der Erneuerung beim Einzelnen gestaltet, kann gewiß nicht schematisch festgelegt werden. Ich glaube aber, einige praktische Hinweise geben zu können, die sich aus meinen Erfahrungen in biblisch begründeter Seelsorge herleiten.

Gottes Wort der Maßstab

Grundlegend ist die kompromißlose Auslieferung des Lebens an Jesus Christus, die alle Lebensbereiche miteinschließt. Fortan heißt es nicht mehr: »Mein Wille«, sondern: »Dein Wille geschehe!« Damit diese Bitte aber nicht nur Lippenbekenntnis bleibt, gehört die ernsthafte Bemühung, Gottes Willen für die besondere Situation zu erkennen, zu konsequentem Christsein. Das führt uns zu Gottes Wort, wie es in der Bibel bezeugt ist, als Maßstab und Richter unseres Lebens. Die »Sätze der Theologischen Erklärung der Bekenntnissynode von Barmen 1934« sind in unserer Diskussion wieder hochaktuell. Damals wie heute geht es um die Frage, ob die Kirche sich dem Diktat des Zeitgeistes beugen soll. Ich zitiere: »Wir verwehren die falsche Lehre, als könne und müsse die Kirche als Quelle ihrer Verkündigung außer und neben diesem einen Wort Gottes (i. e. Jesus Christus) auch noch andere Ereignisse und Mächte, Gestalten und Wahrheiten als Gottes Offenbarung anerkennen« (I, c). »Wir verwerfen die falsche Lehre, als gebe es Bereiche unseres Lebens, in denen wir nicht Jesus Christus, sondern anderen Herren zu eigen wären, Bereiche, in denen wir nicht die Rechtfertigung und Heiligung durch ihn bedürften« (II, c). »Wir verwerfen die falsche Lehre, als dürfe die Kirche die Gestalt ihrer Botschaft und ihrer Ordnung ihrem Belieben oder dem Wechsel der jeweils herrschenden weltanschaulichen und politischen Überzeugung überlassen« (III, c).

Die Kirche als die Gemeinschaft der Christen und der einzelne Christ sind also in Lehre und Lebensgestaltung nur Jesus Christus und seinem Wort verantwortlich. Auch in der Frage: »Christ und homosexuell?«. Und das ist nun das Erstaunliche: Gottes eindeutige Weisungen, auch in Fragen der Homosexualität allgemein, erweisen sich als das gute, lösende Wort, das Hilfen zum Leben nach dem Plan des Schöpfers gibt und in die Freiheit führt. Diese Freiheit muß aber im Lebensvollzug durchbuchstabiert und ausgelotet werden. Sie ermöglicht, und das ist nach der Hingabe an Jesus Christus und dem Ernstnehmen des biblischen Zeugnisses die dritte praktische Linie, die ich zeigen möchte, völlige Ehrlichkeit vor sich selbst und den Mitmenschen. Alle Masken, alle Heimlichkeit, alles Dunkel kann abfallen. Wer frei werden will von homosexuellen Bindungen und Zwängen, muß diese Ehrlichkeit wagen. Wer die Tiefe der Annahme und Vergebung Gottes erfahren hat, wird nun befähigt, in seine eigene Tiefe zu schauen. Und was er da vorfindet, kann er in das Licht Gottes bringen. Hier setzt die Bedeutung biblischer Seelsorge ein. Wenn sich die Abgründe des menschlichen Herzens auftun, wenn das, »was im Menschen ist«, aufsteigt, ist der Dienst eines von Gott bevollmächtigten Seelsorgers angesagt, wenn nicht unerläßlich. Schuld, die nicht bekannt wird, bindet und vergiftet die Seele. Wo Schuld aber bekannt wird, verliert sie ihre Macht. Weil bei der homosexuellen Sünde Schuld gegen Gott und gegen Menschen geschieht, kann reine Psychotherapie nie die Seelsorge ersetzen.

Ehrlichkeit und das Offenwerden für die Arbeit des Geistes Gottes, der die Herzen erforscht (Ps. 139, 23. 24), werden nicht nur Tatsünden, sondern auch Fehlhaltungen und falsche Einstellungen und Denkstrukturen ans Licht bringen. Eine solcher Fehlhaltungen, die ich bei vielen Betroffenen entdecken konnte, ist eine tiefverwurzelte, übermäßige Angst, oder anders ausgedrückt, das Fehlen von Vertrauen und Geborgenheit. Nun ist Angst bestimmt eine der Grundgegebenheiten menschlichen Daseins, auch Jesus erkennt das an (»In der Welt habt ihr Angst«, Joh. 16, 33), aber fordert zugleich auf, in ihm Frieden zu haben, weil er die Welt überwunden hat. Einen Schlüssel zur praktischen Bewältigung der von Angst bestimmten Lebenshaltung gibt uns der erste Johannesbrief mit: »Furcht ist nicht in der Liebe, sondern die völlige Liebe treibt die Furcht aus« (1. Joh. 4, 18a). An die Stelle der Grundangst vor dem Leben, vor dem Versagen, vor dem anderen Geschlecht, vor Gott, soll die »völlige Liebe« treten, die sich entzündet an der völligen Liebe Gottes zu uns. Das ist bestimmt nicht ein und für allemal machbar, sondern soll im Glauben immer wieder neu erbeten und empfangen werden. Wir sind aber in unserem Bemühen um das Bestimmt- und Durchdrungenwerden von der Liebe Gottes nicht allein gelassen, sondern wir haben die Zusage: »Hoffnung läßt nicht zuschanden werden, denn die Liebe Gottes ist ausgegossen in unsere Herzen durch den Heiligen Geist, der uns gegeben ist« (Röm. 5, 5). Bei vielen der Fehlhaltungen, die die homosexuelle Lebenswahl mitverursachen oder doch zumindest als verstärkende Nebenerscheinungen begleiten, ist Aufdeckung und Bewältigung nötig und in seelsorgerlichen Gesprächen möglich.

Gottes Geist aber führt noch weiter als in die Erkenntnis der Schuld, der Tatsünden und Fehlhaltungen. Er kann auch die Wurzeln für diese Fehlhaltungen offenbaren. Daß wir als Seelsorger über das Wirken des Heiligen Geistes nicht verfügen, sondern daß der Geist Gottes über uns verfügt, ist eigentlich selbstverständlich, soll aber, um Mißverständnisse zu vermeiden, noch einmal ausdrücklich angemerkt sein. Ein Beispiel soll dieses offenbarende Wirken des Geistes Gottes verdeutlichen. In einer Seelsorgesituation hatten wir eine kurze Zeit der Stille und des Gebets, in der wir Gott baten, uns Weisung zu geben. Während dieser kurzen Gesprächspause kam bei einer jungen Frau die Erinnerung an eine vergessene Begebenheit in ihrer früheren Kindheit wieder ins Bewußtsein. Es war ein sehr schmerzlicher

Vorfall, bei dem ein erwachsener Mann sich dem kleinen Mädchen in unsittlicher Weise genähert hatte. Dies Schockerlebnis war offenbar einer der Faktoren, die zu einer Angst vor dem Mann allgemein und vor den männlichen Genitalien im besonderen geführt hatten und die junge Frau später fast ganz zu einer Ablehnung des Mannes und in eine lesbische Lebensgestaltung zu drängen drohte. Durch den Glauben an Jesus Christus und die Erfahrung seiner erneuernden Gegenwart war diese junge Frau jedoch schon sehr weit in der Gesundung ihrer Gefühle und Gedankenwelt in Bezug auf ihre Selbstannahme als Frau und die Annahme des Mannes als Mann und möglichen Partner fortgeschritten. Die Erinnerung an jene frühkindliche Begebenheit in der Seelsorgesituation ermöglichte es, dem betreffenden Mann völlig zu vergeben und so eine der Hauptwurzeln für die Ablehnung des Mannes zu beseitigen. Bestimmt werden solche Dinge nicht in jeder Seelsorgesituation geschehen. Natürlich kann man diesen Vorgang auch psychologisch erklären. Das hindert die Beteiligten aber nicht daran, hier ein Wirken Gottes zu sehen, der sich jedes Mittel zur Durchführung seiner Absichten untertan machen kann. Wir jedenfalls sollten offen sein dafür, daß Gott »Herz und Nieren« erforscht und in unserem Innern aufräumt, ob das nun in der persönlichen Stille vor Gott oder in der Seelsorgesituation geschieht.

Nach biblischen Prinzipien leben

Eine weitere, höchst praktische Entscheidung ist der Entschluß, nach biblischen Prinzipien zu leben, d. h. Gottes Wort gehorsam zu sein, auch wenn man sich nicht danach fühlt. Die Evangelien, die neustamentlichen Briefe, die Bücher der Psalmen und der Sprüche sind voll von praktischen Anweisungen. Es geht hier zum Beispiel um das wichtige Prinzip des Ablegens und Anziehens: »Leget ab von euch den alten Menschen mit seinem vorigen Wandel, der durch trügerische Lüste sich verderbt. Erneuert euch aber im Geist eures Gemüts und ziehet den neuen Menschen an . . .« (Eph. 4, 22–23). An die Stelle des falschen Handelns soll das richtige, christusgemäße Handeln treten. Das Fühlen folgt in der Bibel meist dem Tun, oder ist überhaupt nicht im Blickfeld. Es soll das Handeln des Christen nicht vom Lustprinzip, sondern vom offenbarten Willen Gottes bestimmt sein. Alle Unreinheit, alle Lüge, alles Begehren dessen, was der Nächste hat, soll ein Ende finden. Statt dessen soll die Frucht des Geistes wachsen (Gal. 5,

22), zu der Liebe, Friede, Freude und auch Keuschheit gehören. So soll selbst das Denken neu gefüllt werden: »Verändert euch selbst durch die Erneuerung eures Sinnes!« (Röm. 12, 2). »Was wahrhaftig ist, was ehrbar, was gerecht, was rein, . . . dem denket nach!« (Phil. 4, 8). Weil auch im Bereich des Denkens und Fühlens das Gesetz gilt, daß der Mensch erntet, was er sät, gilt es, richtiges Denken und Fühlen zu »säen«, auch wenn die Ernte noch auf sich warten läßt.

Für den homosexuellen Menschen ist der Weg zum anderen Geschlecht aus den verschiedenartigsten Gründen verbaut. Sie alle darzustellen zu versuchen, würde den Rahmen dieses Buches völlig sprengen. Die erotische Kraft des homosexuell lebenden Menschen hat einen anderen Weg eingeschlagen und führt ihn zum eigenen Geschlecht, wenn nicht überhaupt seine Homosexualität als verkappte Autosexualität, also als Narzißmus, als Selbst-Liebe zu werten ist, die im gleichgeschlechtlichen Partner den möglichst gleichen Menschen als Ergänzung sucht. Die eigene Geschlechtsrolle wird, in welcher Form auch immer, abgelehnt, sei es, weil kein Raum zur positiven Identifikation mit gleichgeschlechtlichen Vorbildern da war, sei es, daß ein Gefühl des Versagens und der Unfähigkeit, richtig und ganz »Mann« oder »Frau« zu sein, ihn das Fehlende beim anderen Mann oder sie bei der anderen Frau suchen läßt. Dadurch, daß der Pfad, der zum gleichgeschlechtlichen Partner führt, immer wieder begangen wird, schneidet man sich die Möglichkeit einer Neuorientierung der emotionalen Kräfte von vornherein selbst ab. Es braucht deshalb eine Zeit der Abstinenz, der Enthaltung, in der die psychosexuellen Kräfte eine Neustrukturierung finden können, bevor der gewiß nicht leichte Weg zum anderen Geschlecht gewagt wird. Die biblische Aufforderung zur Enthaltsamkeit ist also keine Zwangsjacke, die den Menschen knechten soll, sondern ein Angebot, innerlich und äußerlich zur Ruhe zu kommen, damit neues Fühlen wachsen kann. Da die sexuelle Begegnung die wohl intensivste Form menschlicher Kommunikation darstellt, vorausgesetzt natürlich, daß sie in einen personalen Kontext eingeordnet ist, gibt es keine solche Begegnung, in der die Partner nicht ein Stück von sich abgeben. Die Bibel nennt diesen Vorgang »ein Leib werden« (1. Kor. 6, 16). Wie soll, so argumentiert Paulus, ein Mensch, der mit Christus »ein Geist« geworden ist, nun noch mit jedem x-beliebigen Partner »ein Leib« werden können? (1. Kor. 6, 16. 17). Das ist Sünde am eigenen Leib, nimmt die Gabe der Sexualität aus ihrem gottgewollten Zusammenhang und entmenschlicht im Verlauf beide Partner. Hier gibt es nur die radikale

Abkehr von der falschen Praxis. »Fliehet die Unzucht!« (1. Kor. 6, 17). Nur so kann eine Ichstärkung möglich werden. Die Zeit der Abstinenz ermöglicht es, in der eigenen Geschlechtsrolle sicher zu werden. Wie weit der Einzelne auf diesem Weg kommen wird, kann ich nicht voraussagen. Das bleibt neben der Gnade Gottes letztlich der Ernsthaftigkeit des suchenden Menschen überlassen. Daß aber viele ehemalige Homosexuelle auf diesem Weg in eine erfüllende heterosexuelle Ehe gefunden haben, kann ich bezeugen. Für die Zwischenzeit und sicher auch danach gilt das Wort des Apostels: »Der Leib jedoch nicht der Unzucht, sondern dem Herrn, und der Herr dem Leibe« (1. Kor. 6, 13b). Hier ist die großartige Zusage gemacht, daß Gott selbst sich der leiblichen Bedürfnisse annimmt. Und das bedeutet sicher, daß er Kraft geben wird, im Rahmen seiner Ordnungen zu bleiben.

Neugegründetes Leben

Wollen wir die Themafrage: »Christ und homosexuell?« biblisch beantworten, so müssen wir sagen: Ein Christ braucht und soll nicht länger als Homosexueller leben. Seine Identität, sein Selbstverständnis werden durch Jesus Christus neu definiert. Dies neue Sein kann und soll in der Praxis der Nachfolge ergriffen werden. Wohl mag es auf dem Weg dunkle Stunden geben. Aber das Ziel bleibt klar. Wo Jesus Christus Handeln, Reden, Denken und Wollen bestimmt, hat die Sünde, die Zielverfehlung keinen Raum mehr. Versucht zu werden ist nicht Sünde. Aber Gottes Hilfe ablehnen ist Sünde. »Christ und homosexuell?« Auch in dieser Frage gilt: Gottes Weisungen sind Hilfen zum Leben. Die sich darauf einlassen, erleben die Freiheit, die in der Neuentdeckung ihrer ursprünglichen Bestimmung liegt: Männer und Frauen zu sein nach Gottes Bild.

Nachwort: Was können wir denn tun?

Nach der Lektüre dieses Buches, so hoffe ich, wird es klar sein, daß Sie etwas tun können. Ich bin fest davon überzeugt, daß Gott homosexuell empfindende Menschen in einer besonderen Weise liebt und daß er möchte, daß sie die Wahrheit erkennen und seine Hilfe erfahren. Er schaut nicht auf das, was vor Augen ist, sondern auf das Herz. Er sieht, wieviel Einsamkeit, Depression, Verzweiflung und Selbsthaß in den Herzen vieler homosexueller Menschen tief verwurzelt ist. Er durchschaut die Ursachen und Zusammenhänge, die zur Homosexualität geführt haben.

Was können wir denn tun?

Wenn Sie, lieber Leser, homosexuell sind, so möchte ich Sie sehr ermutigen, Ihr ganzes Sein vor das Angesicht Gottes zu bringen und nicht im Dunkel der Selbsteinsamkeit zu bleiben. Gott verachtet Sie nicht, auch wenn Menschen Sie verachten. Er haßt Sie nicht, auch wenn Sie sich selbst hassen sollten. Nein, er liebt Sie. Diese Liebe wird ganz deutlich auf Golgatha, wo Jesus für uns in die Gottverlassenheit ging, damit wir eine Heimat bei Gott haben können. Und seitdem ist es ganz gewiß: Auch in der tiefsten Tiefe will Gott bei uns sein. Seit Jesus rief: »Es ist vollbracht«, kann uns keine Macht der Welt und der Hölle mehr von Gott fernhalten. Er ruft Sie, heute, zu ihm zu kommen. Er wartet mit offenen Armen auf die verlorenen Söhne, die auszogen, das große Glück zu finden und doch am Hungertrog der Schweine endeten, an dem der Lebenshunger nicht gestillt wird, ob sie nicht vielleicht doch den Weg zurück ins Vaterhaus suchen.

Was können wir denn tun?

Das ist auch eine Frage an die christliche Gemeinde. Jesus sagt: »Was ihr einem dieser meiner geringsten Brüder getan habt, das habt ihr mir getan.« Was können wir für unseren homosexuellen Nächsten tun? Sind wir bereit, ihm zu dienen und die Kosten nicht zu scheuen, zu arbeiten und nicht nach Lohn zu fragen? Auch heute gilt die Aufgabe: »Zu verkünden das Evangelium den Armen, zu heilen die zerstoßenen Herzen, zu predigen den Gefangenen, daß sie los sein sollen, und den Blinden das Gesicht und den Zerschlagenen, daß sie frei und ledig sein sollen, und zu verkündigen das angenehme Jahr des Herrn« (Luk. 4, 18–19).

Wo die Gemeinde Jesu das tut, werden Menschen in ihrem Umkreis gesund. Und wo einer dieses Heil sucht, wird er es finden, weil Jesus schon lange auf der Suche nach ihm ist. Und dafür danke ich Jesus.

Ulrich Parzany

Wozu Gott?

TELOS-Taschenbuch 5028, 80 Seiten

»Mich hat nie nach einem Gott verlangt; ich habe von mir aus niemals einen Gott gefürchtet oder mich vor die Notwendigkeit gestellt gesehen, einen Gott zu erfinden. Dennoch sehe ich mich leider zu dem Schluß veranlaßt, daß Gott von sich aus nach mir verlangt. Gott ist mir auf den Fersen, wie ein himmlischer Jagdhund.« Ulrich Parzany hält es in diesem Buch mit diesen knallharten Worten des englischen Satirikers Malcolm Moggeridge. Der Lückenbüßer-Gott, der Feld-Wald-Wiesen-Gott, der Kopfnicker-Gott, der Liebe-Gott, der die Welt nicht mehr versteht und deshalb dankbar sein muß, wenn er wenigstens noch als Dekoration für bestimmte festliche Angelegenheiten herangezogen wird, er ist ein eingebildeter, ein überflüssiger Gott. Er ist nicht der Gott, der uns in Jesus Christus entgegentritt. Ist Gott Gott, weil wir ihn brauchen? Oder brauchen wir Gott, weil er ist? Wie kann Gott das alles zulassen? Um solche Fragen geht es Ulrich Parzany. Und schließlich geht es bei allem Nachdenken über Gott nicht um blasse und weltferne Theorie, sondern um Alltagspraxis: »Laß mein Leben widerspiegeln, was es heißt, dich Gott zu kennen.«

Heinz Böhm

Die Generation der Hoffnungslosen

Eine Auseinandersetzung zwischen atheistischer Weltanschauung und christlichem Glauben
TELOS-Paperback 1161, 208 Seiten

In diesem Buch stellt der Verfasser die Theologie des theoligischen Denkers Paul Schütz vor. Paul Schütz hat, ähnlich wie Karl Heim, sich bewußt jeder Modetheologie verschlossen, die auf Grund von Wissenschaftshypothesen die biblischen Fundamente untergraben hat. Mit einer besonderen prophetischen Gabe beschenkt, zeichnet Schütz in seiner Theologie die Linien biblischer Prophetie nach und stellt sie aktuell vor den Menschen unserer Tage. Gegenüber den Sirenen der Sinnlosigkeit wie etwa Hemmingway, Sartre, Camus und vor allem gegenüber der Philosophie Ernst Blochs richtet Schütz den Blick auf die Zukunft des lebendigen Gottes.

Brendow-Verlag, D-4130 Moers 1

Friso Melzer

Sonne und Regen

Rückblick auf Kindheit und Jugend.
Von Breslau über Tübingen nach Indien
TELOS-Paperback 1201, 80 Seiten

Friso Melzer – Missionar und Sprachforscher, Meditationslehrer und Indienkenner, durch mehr als 30 Bücher und Schriften bekannt geworden – erzählt uns hier aus Kindheit und Jugend in Breslau bis zu seiner Ausreise nach Indien. Er berichtet anschaulich aus einer Zeit, die sehr fern liegt, spricht dabei aber von Fragen, die uns auch heute noch bewegen. Er zeichnet eindrückliche Bilder vom Leben zwischen den beiden Weltkriegen und berichtet lebendig aus der Schulzeit und Studium in Tübingen bei Karl Heim. Diese farbige Darstellung läßt erkennen, wie ein junger Mensch Christ wurde und zum Missionsdienst fand.

Imanuel Sücker

Der Mensch – Ursprung, Fall und Vollendung

TELOS-Taschenbuch Nr. 296, 64 Seiten

Das Menschenbild aufgrund der eindeutigen Aussagen der Bibel darzustellen, ist für den Naturwissenschaftler und Christen eine bedeutende Aufgabe. Als Professor der Chemie ist ihm darüberhinaus die Frage besonders wichtig, wonach der Mensch nicht einem chemischen oder biologischen Zufall entstammt, sondern von Gott bewußt zu Seinem Ebenbild geschaffen wurde. Ausgehend von der uns zur Zeit so bedrükkenden Identitätskrise führt er den Leser weg vom fehlgeleiteten Gottesbild, hin zur Erlösungstat Jesu Christi und stellt ihn in die Nähe Gottes, dessen Schöpfungswerk er sein darf.

Brendow-Verlag, D-4130 Moers 1